Caminando a Trompicones Con Dios

Una entrevista biográfica

Por Ellis Potter
Entrevistador: Izsák Norbert
Editado por Peco Gaskovski
Traducido por Noemi Read
Corregido por Silvia Sánchez

destinēe

© 2018 Ellis Potter

Sin limitar los derechos de autor reservados aquí, no se permite la reproducción del contenido de este libro, ni total ni parcialmente, sin el previo permiso escrito del editor, excepto cuando la ley lo permita y con la excepción de citas incorporadas dentro de artículos de crítica y revisión. Tampoco se permite guardar o transmitir el contenido de este libro de forma electrónica, mecánica o de copia. Para cualquier información, contacte con: info@destineemedia.com

Se han tomado las necesarias precauciones para identificar las fuentes originales y los derechos de autor en las citas mencionadas en este libro. En caso de que alguna de ellas sea incorrecta o incompleta, el editor agradece pruebas documentales que apoyen la corrección para futuras ediciones.

Publicado por Destinee Media, www.destineemedia.com
Editado por Peco Gaskovski
Entrevistas originales por Izsák Norbert, 2017
Ilustraciones por Istvan Lente
Edición por Istvan Szabo, Ifj.

Publicado originalmente en húngaro con el título *Meredek görbén Istenşez* por Harmat Publishing, Budapest.
Todos los derechos reservados por el autor.
ISBN: 978-1-938367-45-8

PRIMERA PARTE: Una Biografía

Infancia y familia 6
En búsqueda de la verdad 24
El hallazgo del Zen 30
Me hago cristiano 41
Mi vida como pastor 65
Mi vida como misionero 77
Enseñanza y conferencias 88

SEGUNDA PARTE: Reflexiones y nuevas percepciones

Los cuentos y el lenguaje 92
La oración, la meditación y las decisiones 95
La cultura 100
Sobre la fe, la salvación y la duda 102
La música y el arte 108
La felicidad y los frutos del Espíritu 117
Los libros, la escritura y los sermones 124
El escapismo y el cielo 130
El sufrimiento y las emociones 135
La apologética 142
Las palabras 144
Pensamientos finales 147

Sobre Ellis Potter 151

PRIMERA PARTE:
Una Biografía

Infancia y familia

¿Cuáles son tus primeros recuerdos de tu niñez?

Estoy seguro de que recuerdo cuando mi madre me daba el pecho. Me acuerdo cuando mi madre me dijo: 'Creo que estás preparado para otro cumpleaños. Creo que ya puedes cumplir tres años.' Y me acuerdo de que pensé: '¡Así que es tu madre la que decide cuando puedes cumplir tres años!'. Eso tenía que cambiar. Yo me tuve que dar cuenta de que en realidad es la fecha la que decide eso. Pero al principio yo creía que era tu madre la que te daba tu cumpleaños. También me acuerdo cuando mi madre intentó enseñarme a patinar con patines de ruedas.

Háblame de tu familia.

Mi madre creció en Los Ángeles. Se llamaba Kathryn Matilda Gibson, y su madre era descendiente de Charles Wesley. La hija de Charles Wesley se casó con un americano llamado John Harper en Maryland. Mi abuela era la tataranieta de este hombre.

Mi abuela se casó con un osteópata sueco cuyo nombre era Jetson. Llegó a la isla de Ellis en América para procesar sus documentos de inmigración, donde mucha gente cambiaba su nombre para americanizarlo. Le dieron el nombre de Gibson (su nombre completo era Axel Emil Gibson). Mis abuelos vinieron a California, a Los Ángeles, y vivieron allí por muchos años. Allí fue donde mi abuelo se hizo muy buen amigo de la famosa escritora ocultista Helena Blavatsky.

CREO QUE ESTÁS PREPARADO PARA OTRO CUMPLEAÑOS. CREO QUE YA PUEDES CUMPLIR TRES AÑOS.

¿Así que tu familia se relacionó tanto con el Metodista Wesley como con la escritora de ocultismo Blavatsky?

Sí. No sé cómo mis abuelos llegaron a conocer a Blavatsky, pero mi abuelo estaba muy interesado en el esoterismo y tenía conexiones con el hinduismo. Combinaba su práctica médica como osteópata con el examen de las auras de los pacientes. Colocaba a sus pacientes frente a una pantalla negra y examinaba sus auras o halos- las cuales podía ver- y decía: 'Usted tiene un problema en el hígado', o lo que fuera el diagnóstico, sin examinarlos físicamente. Normalmente acertaba y la gente venía a su consulta. Su consultorio médico en el edificio Bradbury en Los Ángeles tenía mucho éxito.

Mi abuela no tenía mucha relación con el metodismo, pero asistía a una iglesia presbiteriana filipina cerca de donde vivíamos.

Mis abuelos tuvieron tres hijos- mi madre y sus dos hermanos mayores. Uno de ellos se convirtió en un personaje de la radio y la televisión. Se llamaba Paul Gibson y tenía su propio programa televisivo, el Show de Paul Gibson. Mi otro tío, John, era escritor. Trabajó para varias revistas y ganó buen dinero.

¿Tuvo alguna influencia en tu familia la amistad de tu abuelo con Blavatsky o su esoterismo?

Mi madre me contó que conoció a Blavatsky cuando ella tenía cinco años. Blavatsky puso su mano en la cabeza de mi madre y le dijo a mi abuelo: 'Dale mi nombre a esta niña'. Mi abuelo, como era doctor, podía acceder a documentos personales. Así fue cómo le cambió el nombre en el certificado de nacimiento de Kathryn Matilda Gibson a Kathryn Matilda Blavatsky Gibson. Aún conservo su certificado de nacimiento.

Mi abuelo escribió y publicó sus propios libros, los cuales habían sido influenciados en parte por la cosmovisión de Blavatsky. Tenía un gran interés en la dieta, en el aura, en la relación entre lo físico y lo no físico de la vida y la salud y en todo lo relacionado con esa filosofía. En mi familia nunca se dudó de la existencia de lo sobrenatural. No recuerdo ningún momento en mi vida cuando no me sintiera sobrenatural. Siempre he aceptado que existen personalidades invisibles, influencias y organismos que se conectan con mi vida en distintas formas.

A tu madre le añadieron el nombre de Blavatsky. ¿Ella creía en sus enseñanzas?

Hasta cierto punto. Ella acompañó a mi padrastro a reuniones teosóficas y a reuniones de la Asociación para la Investigación y la Iluminación de Edgar Cayce, un filósofo americano. También ella era metodista en cierta manera.

¿Con quién se casó tu madre?

Con un hombre llamado Harold Rowe. A mí me llamaron como el profesor de psicología de mi padre y como su entrenador de baloncesto de la universidad de Redlands- Dr. Ellis y Dr. Hoff. Así, mi nombre fue Ellis Hoff Rowe. Mis padres se divorciaron muy pronto y después de esto tuve muy poco contacto con mi padre. Yo tenía entonces año y medio y, como resultado del estrés del divorcio, me enfermé de tos ferina. Mi padre nos visitó un par de veces y he visto algunas cartas que escribió a mi madre en las cuales me menciona, pero, aparte de eso, no tuve más contacto con él por el resto de mi vida. Cuando murió, no supe nada.

Es curioso que relaciones la tos ferina con el estrés del divorcio.

Sí, lo relaciono. Creo que mi sistema inmunológico estaba débil a causa del estrés y la tensión que causó el divorcio de mis padres. Eso me parece lógico. Vivíamos en Redlands, California, y mi madre tenía unos vecinos que iban a la iglesia metodista. Eran vecinos muy simpáticos y la madre a veces me cuidaba. Tenía tres niños de mi edad más o menos y yo pasaba mucho tiempo en su casa. Estos niños eran muy buenos amigos míos y esta familia fue una gran bendición para mi madre. Iban a una iglesia grande en la ciudad, y mi madre y yo empezamos a acompañarles en seguida. Me acuerdo de la escuela dominical, del Padrenuestro y las canciones que aprendí. Fue una experiencia buena.

¿El hecho de que Charles Wesley fuera un antepasado de tu madre influyó en su opinión sobre la fe o la iglesia?

No mucho. Pero teníamos la Biblia de Charles Wesley. Me acuerdo cuando la encontré en una de las repisas en casa cuando yo era un adolescente. Sus propias notas estaban escritas en la Biblia, al igual que las fechas de los nacimientos de sus hijos. También incluía los Apócrifos. Era una Biblia bastante gruesa que guardaba en su mochila cuando iba en sus viajes misioneros por Nueva Inglaterra. Más tarde, mi madre dio la Biblia al museo de Wesley, probablemente porque no quería que sus hijos se pelearan por ella por ser tan valiosa.

¿Pasaste el resto de tu infancia en Redlands?

No. Mi madre consiguió un trabajo mejor como profesora en una ciudad más pequeña llamada Bloomington. Vivimos en una casita en una granja.

La madre de la familia que llevaba la granja era mi cuidadora durante el día. Se llamaba Señora Herbert y la familia era mormona. A veces me llevó a las reuniones de mormones, pero nunca me sentí atraído por el mormonismo. Era muy interesante vivir en una granja. Cultivaban un tipo de fruta como la cereza (boysenberry) en un terreno de 6 hectáreas, en el cual también había una vaca, gallinas, cerdos y conejos. Cuando yo tenía 4 años, vi la matanza del cerdo. Nuestra comida procedía de la granja y, tanto la dieta como el estilo de vida, eran orgánicos.

Tengo muy buenos recuerdos de esa etapa y todavía sigo una filosofía moderadamente orgánica. Cultivo mi propio jardín, cocino pan y preparo mis propias conservas en escabeche. Creo que es importante que la gente tenga contacto directo con la tierra y que se relacionen, hasta donde sea posible, con lo que comen. Cuando mi mujer y yo vivíamos en la comunidad de L'Abri en los Alpes suizos, teníamos un jardín y criamos gallinas y conejos para comerlos luego. Así que esa experiencia de mi niñez ha estado siempre conmigo y me ha influenciado.

Después de vivir en la granja, mi madre y yo nos trasladamos a vivir a un piso dúplex más cerca de la ciudad, un sitio mucho mejor para vivir. Por ejemplo, el techo no goteaba. Cerca de nosotros vivía un viudo con sus dos hijos, un niño y una niña. Era mecánico y se casó con mi madre cuando yo tenía 7 años. Se llamaba Rex Potter. Legalmente, él era mi padrastro, pero yo siempre le llamaba 'papá' y lo traté como si fuera mi padre.

Mi madre y yo nos mudamos a su dúplex, donde vivimos por un año, hasta que nos trasladamos a una ciudad llamada Rialto, fundada por italianos y llamada así por llevar el nombre de un puente que atraviesa el Gran Canal en Venecia. Mis padres consiguieron comprar una casa en Rialto y allí fue donde crecimos. Mi madre vivió en esa casa por cincuenta años.

¿De quién fue la idea de que te adoptara tu padrastro y que tomaras su apellido?

Fue idea mía. No me llegó a adoptar porque era muy caro. Sin embargo, mi madre era profesora y podía cambiar los registros, de manera que cambió mi nombre de Rowe a Potter. Esto fue al poco de haberse casado. Unos años más tarde, cuando yo tenía 26 años y quería cambiar mi pasaporte, las autoridades me dijeron que mi nombre debía ser Rowe, tal y como mostraba mi certificado de nacimiento. Así que hice una cita con mi abogado y fuimos a juicio. El juez me preguntó: '¿Tienes alguna deuda pendiente a algún familiar con el apellido de Rowe? ¿Has cometido algún delito con el nombre de Rowe?' y muchas más preguntas legales. A todas respondí negativamente y el juez dijo: 'De acuerdo, aquí declaro que tu nombre será Potter', y me dio el certificado. Entonces fui a la oficina de pasaportes y me dieron el pasaporte con el nuevo nombre.

¿Cómo describirías tu relación con tu madre, tu padre y tus hermanos?

Eran relaciones bastante buenas. Mi madre me comprendía mejor que mi padre. No tuve muchas cosas en común con mi padre y nuestra relación, aunque no distante, no era muy cercana. Mi padre era un hombre conservador, muy tradicional y patriótico, lleno de lemas, dichos y tópicos. No era un académico, pero era un hombre bastante inteligente. No llegamos a conectar, pero se casó con mi madre, la amó y, para mí, él fue una gran bendición.

Mi hermano Bill y mi hermana Dee (Dolores) me llevaban dos y cuatro años respectivamente. Fue una bendición tenerles, aunque mi hermano y yo siempre estábamos molestando a nuestra hermana, como es normal. A pesar de nuestras muchas diferencias, los tres nos apoyamos mutuamente. Como familia, no éramos de aquellos que se dan abrazos y besos todo el tiempo, pero a pesar de eso estábamos psicológicamente bien.

¿Entonces te criaste en Rialto?

Sí, mis hermanos y yo fuimos al colegio y al instituto en Rialto y tuvimos muchas experiencias normales. Yo era un chico muy activo; tocaba el clarinete, pertenecía a una orquesta y fui el tamborilero mayor en el instituto. El tamborilero mayor es el que lleva el bastón, camina delante de la orquesta por la calle, en el campo de fútbol y también sopla el silbato.

¿Tuviste novia en el instituto?

Sí, tuve más de una- no a la misma vez, claro. Eran relaciones íntimas y sociales. Hubo una chica con la que pensé que me casaría, aunque la relación no salió bien. Con el tiempo, mi interés por el monasticismo creció, mientras que mi interés por las relaciones románticas decreció.

¿Tus padres eran cristianos cuando eras pequeño?

Fuimos a la Primera Iglesia Cristiana, que entonces se congregaba en un edificio antiguo precioso y que ahora se ha convertido en el museo de la ciudad de Rialto. Mis padres estaban muy involucrados con la iglesia y llevaban el grupo de jóvenes.

No sabemos lo que hay dentro de las personas, pero, que yo sepa, mi padre era cristiano, pero mi madre no. Mi madre se convirtió al cristianismo después de que yo me fuera de casa. Algunos colegas de mi madre iban a reuniones de Campus Crusade (Ágape), que había sido fundado en una ciudad cercana, y la invitaron a un estudio bíblico. Ella se convirtió a través de estos estudios bíblicos, después de haber estado trabajando en una iglesia como diaconisa y anciana por muchos años. Para ella, el convertirse resultó ser una gran sorpresa. Había asistido a la iglesia hasta entonces porque era un lugar en el que podía hacer amistades y tener una vida social, trabajar con gente joven y usar sus dones, y también porque su marido quería estar involucrado. La iglesia le dio muchas experiencias positivas y era un lugar al que podía llevar sus niños. Después de eso se convirtió.

¿Tienes buenos recuerdos de la iglesia de tu infancia?
Sí, recuerdo muchas cosas buenas, pero también algunas malas. Había un chico que vino del Seminario Claremont a nuestra iglesia en Rialto para trabajar con los jóvenes. Tenía una teología liberal y recuerdo cuando nos contó la historia de cuando Jesús dio de comer a cinco mil personas. Dijo que en realidad la gente tenía comida y que Jesús les animó a que compartieran con los demás. Yo entonces tenía trece años y me acuerdo de que pensé que eso era una tontería. Aunque sabía contar historias muy bien, sus historias no eran reales. Los políticos y muchas otras personas cuentan historias muy convincentes, pero no son necesariamente verdaderas. Así que el contar historias es algo neutral. Se puede usar para bien o para mal.

¿En qué trabajaron tus padres?
Como he dicho antes, mi padre era mecánico, pero se rompió la pierna en el trabajo y ya no pudo continuar trabajando sobre el suelo de cemento. Así que se hizo vendedor. Vendió suministros para restaurantes, conduciendo largas distancias con el coche lleno

de muestras. Salía con su coche por la mañana temprano y conducía cientos de kilómetros durante el día, visitando restaurantes y hoteles. Disfrutaba con su trabajo y también le gustaba conocer y hablar con gente nueva. No ganó mucho dinero, pero fue muy querido por sus clientes. Era un hombre popular en la ciudad de Rialto. Cuando murió en los años 80, los periódicos lo anunciaron con grandes titulares: 'Muere el señor Rialto'.

Mi padre no ganaba tanto dinero como mi madre, que era maestra, pero entre los dos compraron una casa, pagaron la hipoteca y comimos cada día. Teníamos el dinero justo, no éramos ricos, pero estábamos bien. No tuvimos vacaciones exóticas, ni volamos en avión, ni pusimos una piscina en el jardín, pero estábamos bien. La universidad de Redlands enviaba estudiantes para que mi madre les diera clases particulares. Después de que yo me fuera de casa, su salud empezó a deteriorarse. La enseñanza le resultó un poco estresante, así que se cambió de trabajo y se hizo bibliotecaria, un trabajo que le encantó.

¿Cuántos años tenías cuando te fuiste de casa?

Tenía dieciocho años. No me fui muy lejos. Alquilé un piso en la misma ciudad por varios meses. En aquel entonces yo iba a la facultad en San Bernardino y más tarde me mudé a esa ciudad y alquilé una casa pequeña.

¿Por qué decidiste irte de casa?

Yo era el último hijo que quedaba en casa. Tenía problemas con mis padres relacionados con el estilo de vida y mi madre me sugirió que me mudara. En realidad, sólo me mudé a pocos metros de mi casa. De hecho, mi madre venía a menudo a ver si mi colada estaba en orden y una vez a la semana yo comía en casa de mis padres. Cuando me marché de casa fue cuando nos hicimos buenos amigos. Fue un cambio bueno, positivo. A veces mi madre me llamaba y me decía: 'Tengo que ir a comprar'. Me necesitaba porque siempre se olvidaba dónde había aparcado el coche. A veces tenía que llamar a mi padre y el venía a buscarla. Más tarde, cuando ya estaba oscuro, volvían al aparcamiento para encontrar el coche, que había quedado solo. Le daba tanta vergüenza que me decía: 'Si vienes al supermercado conmigo y te acuerdas dónde he dejado el coche, te invito a comer.' Era un buen acuerdo para los dos. Yo podía ver a mi madre y ella podía encontrar su coche.

¿Cuántos años tenías cuando empezaste a trabajar?
Empecé con doce años repartiendo periódicos. Después de eso trabajé cortando el césped. Fui repartidor de periódicos por bastantes años, al igual que mi hermano. Con el dinero que ganamos compramos una bicicleta y otras cosas que los adolescentes necesitan. Cuando yo iba al instituto, trabajé como secretario para una compañía de seguros. Trabajé cada mañana, cinco días a la semana, y cada tarde iba a clases. Gané lo suficiente para pagar mi alquiler, mi coche y la gasolina. La matrícula para el instituto era barata porque era un colegio estatal. Siempre tuve trabajo mientras estudiaba en el instituto y cuando pienso en ello, no creo que lo recomendaría ahora, pues en un par de ocasiones tuve un agotamiento.

¿Qué estudiaste en la universidad?
Hice estudios generales, pero mi principal asignatura era la música. Aunque estuve cuatro años en la universidad, nunca me gradué. Estudiar música se convirtió en algo sin significado para mí.

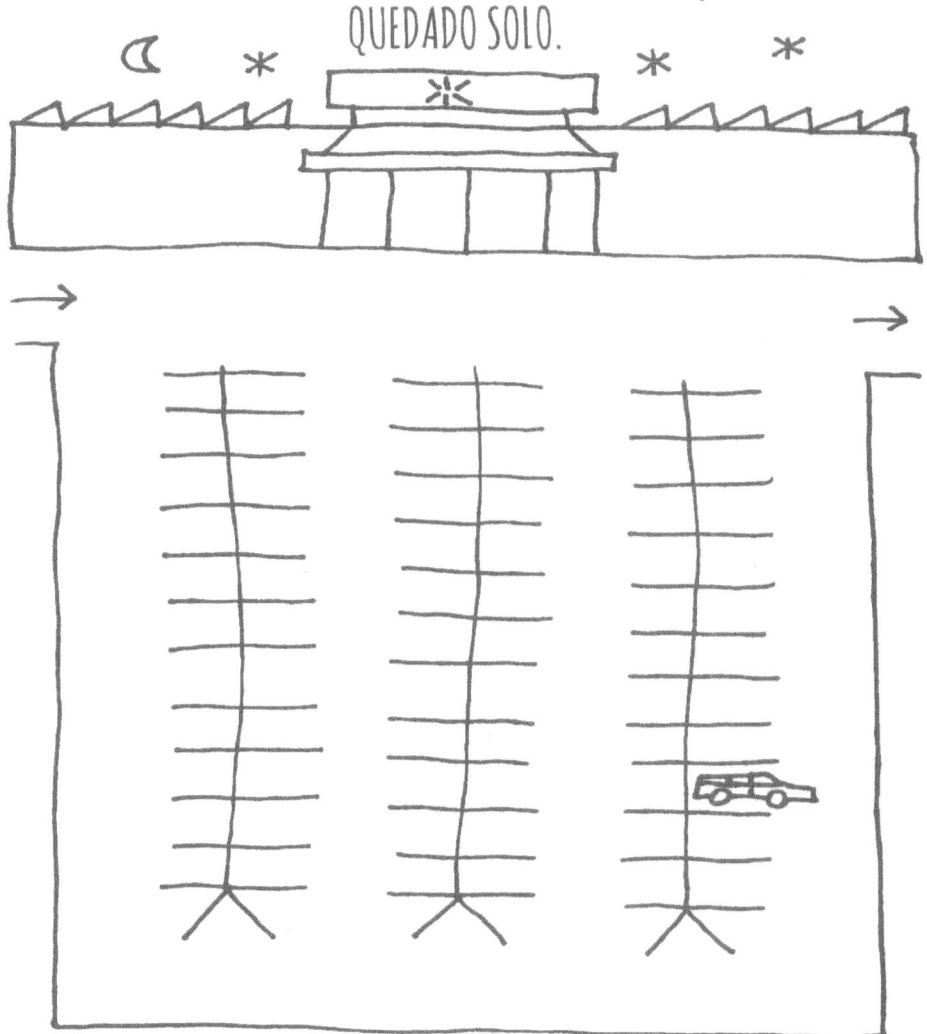

Era algo irreal para mí, no había absolutos y yo siempre he estado interesado en los absolutos. Cuando terminé mis estudios en la universidad, me marché con unos amigos a vivir en la montaña. Trabajé con ellos en un negocio de decoración y más tarde trabajé en la construcción como encofrador. Ganaba bastante dinero, pero no era un trabajo interesante. Después conocí unos hippies que eran vecinos y que tenían un taller donde hacían velas y productos de piel. Nos hicimos muy buenos amigos. Ellos estaban metidos en asuntos de fenómenos paranormales y fumaban mucha marihuana. Tomaban toda clase de drogas y hacían viajes psicodélicos, pero, no sé por qué razón, yo nunca lo hice. Dejé de trabajar en la construcción porque Correos iba a abrir una sucursal en el pueblo y surgió la posibilidad de solicitar el trabajo. Mis amigos alquilaban un edificio bastante grande y yo conseguí alquilar parte de ese edificio y así fue cómo me convertí en el cartero del pueblo. La gente tenía que venir a recoger su correo, así que veía a casi todo el mundo cada día. Por las mañanas trabajaba de cartero cinco días a la semana. Por las tardes llevaba el correo en coche a la sucursal central en Running Springs. Luego volvía y me iba a trabajar con mis amigos en el negocio de velas y piel. Cuando mis amigos se marcharon, yo continúe con ese negocio y con el trabajo de cartero. Viví en la montaña y tuve otros amigos, así que estuve bien. Luego me mudé a una casa más grande y tuve un piano y un gato.

¿A parte de la universidad, tienes alguna otra formación académica?
No. Mi currículo está vacío. No tengo ninguna licenciatura. No tengo cualificaciones. Soy un autodidacta. Lo que ves es lo que hay.

En búsqueda de la verdad

¿Qué te parecía el cristianismo cuando eras adolescente?

Como dije anteriormente, me interesaba lo sobrenatural y, para mí, el cristianismo era real y utilitario. Era una ayuda para la vida. Me ayudaba a llenar el vacío emocional con la realidad sobrenatural. Para mí, el cristianismo era una religión útil, instrumental y utilitaria.

Eso suena casi como Karl Marx cuando dijo que 'la religión es el opio del pueblo'.

De hecho, estoy bastante de acuerdo con Karl Marx acerca del cristianismo como religión, aunque he llegado a darme cuenta de que el cristianismo no es una religión. Incluso si crees que lo es, no es la única religión a nuestra disposición. Las religiones, tal y como se presentan, son muy eficaces como opio del pueblo. Pero yo ya no pienso que el cristianismo es una religión, o un opio. La palabra 'religión' significa 'volver a atar' o reconectar con la fuente de la realidad a través de rituales y técnicas. El cristianismo es la Fuente de la realidad reconectando con nosotros a través de Su Palabra, Su Encarnación y del Espíritu Santo. La religión implica que nosotros nos acercamos a Dios, mientras que el cristianismo es Dios acercándose a nosotros.

Cuando eras pequeño ibas a la iglesia. ¿Seguiste yendo a la iglesia después de que te marcharas de casa?

Cuando me fui de casa no dejé de ir a la iglesia de mis padres. Yo cantaba y era músico en la iglesia e incluso tuve un trabajo en una iglesia Episcopal donde cantaba y también hice de maestro coral. Yo creía que el cristianismo era verdadero, pero hacía muchas preguntas y los cristianos que yo conocía, o bien no tenían interés en mis preguntas o bien no podían contestarlas. Yo estaba convencido de que mis preguntas eran válidas y que una verdad completa podría dar respuestas a ellas.

¿La iglesia Episcopal en la que trabajabas no tenía interés en la intensidad de tu fe?

No. Es posible que no muchas iglesias Episcopales en los Estados Unidos hubieran tenido interés en mi fe. Según recuerdo, la mayoría de los miembros de aquella iglesia Episcopal no eran cristianos. Eran episcopales- gente muy religiosa. Se conocían y se llevaban bien. Creo que, de trescientos miembros, tres eran cristianos, y eran considerados como gente problemática, a los cuales toleraban tan sólo porque eran gente buena y trabajadora. Hablaban de su fe y esto irritaba a muchos.

¿Esos cristianos también se enfadaban con tus preguntas?

Yo empecé a buscar respuestas en grupos filosóficos y religiosos que había en el sur de California- y en California se encuentra de todo. Pertenecí a la Sociedad de Rosacruz por unos años y luego me involucré bastante tiempo con la hermandad de la auto realización de Paramahansa Yogananda. La Sociedad de Rosacruz es una mezcla de cristianismo y osirianismo. Si recuerdo bien, el símbolo es una cruz con una rosa en el medio, pero esta fe también tiene muchos elementos egiptólogos. La central internacional estaba en San José, en California. Daban lecciones por correspondencia.

Estaban muy bien hechas, pero nunca fui a las clases, aunque sí completé todas las lecciones y tuve correspondencia con esa gente y llegué a entender lo que hacían. Esto formó parte de mi búsqueda por la verdad y de la realidad. Nunca llegué a comprometerme totalmente con la Sociedad Rosacruz pero sí fui un estudiante a distancia por al menos dos años.

La hermandad de la auto realización de Paramahansa Yogananda era en realidad una organización hindú. Paramahansa Yogananda trajo la enseñanza de su gurú de la India y fundó una hermandad en Los Ángeles. Era una persona muy popular con una personalidad fuerte y atractiva. Miles de personas acudieron a verle. Escribió un libro titulado *Autobiografía de un Yogui*, que vendió millones de copias. Fue un libro de una influencia muy importante.

¿Qué te atrajo a esas organizaciones?

Eran formas de explorar la verdad y la realidad. En esa época de mi vida, durante la era hippy-drogas en América, la gente buscaba la verdad con la certeza y la creencia de que había más en la realidad y en la vida que un coche en cada garaje y una gallina en cada puchero. La gente se cuestionaba el ciclo del sueño americano que dice 'debes trabajar duro para obtener una licenciatura para que puedas tener un trabajo, ganes dinero y mandes a tus hijos a la universidad, para que puedan trabajar duro…'. Mucha gente no estaba satisfecha con eso y se hacían muchas preguntas. Las iglesias bíblicas eran bastantes introspectivas y no podían hacer frente a esas preguntas, ni a los fenómenos sociológicos que ocurrían fuera de la cultura de la iglesia. La única reacción por parte de ellos era exhortar a la gente al arrepentimiento. No había discusiones y las iglesias tenían subculturas rígidas en aquel entonces. No podías entrar en la iglesia con tejanos- estaba considerado como una deshonra a Dios. Tenías que llevar pantalones elegantes. Tampoco podías llevar sandalias a la iglesia- eso era impensable. A mí no me importaba mucho llevar sandalias a la iglesia. Yo tengo una vena conservadora en mí; me gusta la continuidad y detesto los cambios. Yo estaba contento de llevar ropas conservadoras en mi infancia y adolescencia y de portarme de una manera conservadora. Yo estaba cómodo con eso, por eso nunca sentí la necesidad de ponerme flores en el pelo ni nada como eso. Más tarde, cuando vivía en la montaña, me volví un poco más hippy.

¿Intentaste expandir tu conciencia como los otros hippies de aquel tiempo?

No, sólo quería conocer lo que es verdadero y lo que es real. No tenía una idea clara sobre el destino a que me llevaba mi búsqueda, pero estaba resuelto a encontrar la verdad pasara lo que pasara- y si la verdad resultaba ser oscuridad o muerte, yo lo aceptaría. Yo no quería vivir una mentira. Quería ser genuino, y si la realidad genuina era horrible, entonces yo no iba a pretender que no lo fuera. Así que exploré distintos caminos para encontrar y vivir la verdad.

En tu búsqueda por la verdad y la realidad, ¿encontraste respuestas a tus preguntas espirituales?

Los movimientos con los que me involucré me atraían, especialmente la comunidad de la autorrealización, porque tenían una visión de la espiritualidad más ampla que el cristianismo- principalmente porque creían en la reencarnación. La reencarnación es un programa a largo plazo, una esperanza para la perfección, en la que la gente intenta perfeccionar su vida de una manera sincera y ardua. Eso me atraía.

El hallazgo del Zen

¿Qué te hizo ir de la comunidad de la autorrealización al budismo Zen?
Quisiera aclarar que yo nunca pertenecí total ni exclusivamente a la comunidad de la autorrealización. Esa imagen no representa mi vida en aquel tiempo porque yo estaba involucrado en muchas cosas. También pertenecí a Bahá'i. Yo era como un pulpo con sus tentáculos buscando, escuchando, probando y experimentando en varias direcciones. Cuando era adolescente, había leído acerca del budismo Zen, y me atraía. Practiqué la meditación e hice bastante yoga mientras pertenecí a la comunidad de la autorrealización, la iglesia Episcopal y la sociedad teosófica. Nunca me convertí en un yogui- no me comprometí totalmente con ninguna de esas cosas- pero el budismo Zen era un hilo que conectaba a todas ellas y se hizo cada vez más sólido en mi vida.

Entonces me fui a un centro Zen en Los Ángeles. Si vas a un monasterio Zen y llamas a la puerta y dices: '¡Hola! Estoy interesado en lo que hacéis y quise haceros una visita', entonces seguro que te dicen: 'Vive tu vida de la mejor manera posible. Quizás Zen sea lo acertado para ti en otra encarnación'. Sin embargo, cuando llamé a la puerta, el abad me respondió: '¿Puedo ayudarle?' y yo respondí 'No'. Entonces él dijo: '¿Por qué no entras?', pues sabía, como budista Zen, que si yo sabía que no me podía ayudar, entonces yo ya sabía algo. Así que entré y me presenté al maestro. Aprendí a hacer meditación Zen, llamada zazen, y con el tiempo empecé a practicar más y más. Zen tiene tres denominaciones- Soto, Rinzai y Obaku. La que hay en Los Ángeles es un centro de Soto. Soto es la denominación con más número de fieles de los grupos budistas Zen.

Soto es la denominación con más número de fieles de los grupos budistas Zen. Rinzai es el grupo mediano, pero son muy trabajadores, intensos y de rápido movimiento. Había un monasterio Zen Rinzai cerca de donde yo vivía en la montaña. Se llamaba El Centro Zen Monte Calvo y su maestro era Joshu Sasaki. El fue el primer maestro Rinzai que salió de Japón y llegó a América, por lo que era un misionero pionero. Entonces tenía unos setenta años. Hace un par de años aún vivía; tenía ciento cuatro años. Hace unos años surgieron unos reportajes que le acusaban de escándalo sexual, y esto, tristemente, ha sido cierto también en otros líderes religiosos.

¿Crees que la inestabilidad de tu infancia contribuyó de alguna manera a tu búsqueda intelectual por absolutos y al interés en Zen?

Es probable que sí. Yo quería estabilidad, pero no quería una estabilidad falsa en drogas, éxito o en cualquier cosa. Yo quería una estabilidad absoluta. Eso me motivó en mi búsqueda, estoy seguro. Acudí con más frecuencia al monasterio Zen en el Monte Calvo. Ellos siempre estaban interesados en absolutos y era la única organización a la que pertenecí que no vendía bisutería. Eso era importante para mí porque mostraba que no sólo buscaban el dinero de la gente para construir un edificio nuevo o algo así. Vivían simplemente y no sabían otra cosa más que vivir de manera simple e intentar ser reales. En el año 1974 vendí todo lo que tenía y me fui a vivir allí. Era un vida disciplinada, no fácil, no particularmente feliz, pero yo estaba satisfecho de que era real- estaba enfocada hacia la realidad. Los monjes Zen a menudo viajan y visitan otros monasterios, así que yo decidí viajar también. Yo quería ir a Europa y luego, posiblemente, a Japón, que es el centro mundial de Zen. Tuve muchas experiencias interesantes viajando por América y visitando monasterios, incluyendo monasterios católicos donde se practicaba el zazen.

¿Cómo te las arreglaste financieramente?

Tenía unos ahorros porque había vendido el negocio de velas y piel y también el coche. Vivía casi sin dinero. Iba de monasterio en monasterio y siempre era bienvenido. Los monasterios católicos contemplativos tienden a interesarse por las experiencias sobrenaturales y las técnicas de meditación, y la meditación Zen es probablemente la forma más rápida y segura de meditar y de tener experiencias sobrenaturales.

¿Es peligrosa la meditación Zen?

No lo es. Hay ciertas prácticas de meditación que dan resultados más rápidos, pero son peligrosas- como puede ser el Kundalini, que puede causar enfermedades mentales. Sin embargo, no hay nada que sea completamente seguro y libre de peligro. Por ejemplo, el ir a la iglesia no significa que estés libre de peligros, pues puede que te enamores de alguien que esté casado o puede ocurrir que los líderes te manipulen.

De todas formas, cada vez que visité estos monasterios como monje Zen, los monjes me decían:

'¡Pasa, pasa, quédate con nosotros!'. Yo era pobre y ellos también, por lo cual teníamos mucho en común. Nos interesaba la meditación. Algunos de los monjes católicos me recomendaron el cristianismo y tomé interés en la vida Trapense. Un día le pregunté al abad: '¿Puedo ser Trapense sin ser católico?'. Me contestó que no era posible y yo pensé: 'Mala suerte'. Nunca he querido ser católico, pero tuve mucho interés en ser Trapense. Era muy similar al estilo de vida Zen- simple y regular. Me atraía porque era una comunidad real.

¿Qué tipo de experiencias tuviste cuando eras budista Zen?

Cuando yo era un adolescente, experimenté con el hinduismo y con Zen y viví una experiencia muy extraña. Esto ocurrió años antes de que yo fuera un monje Zen. Era un día de verano, cuando me disponía a hacer la siesta en una cama litera. Cuando me acosté y mi cabeza tocó la almohada, tuve una experiencia en la que sentí cómo mi ser entero se expandía hasta ser tan grande como el mismo universo. Fue una experiencia intensa. No sé cuánto tiempo duró, quizás unos veinte minutos. Fue una experiencia iluminadora, probablemente del tipo psicótico. Me dio la esperanza de que la verdad existe, de que hay absolutos y de que se puede conectar con la realidad en su totalidad.

En el monasterio también tuve experiencias interesantes. Meditábamos mucho y también nos reuníamos con un maestro. Tienes que esperar en una habitación, la persona que está delante de ti está arrodillado frente a una campana de bronce gruesa. Cuando oyes una campanita en la distancia, significa que el estudiante que iba antes de ti se ha ido y el maestro te está esperando. Coges un mazo, golpeas la campana dos veces y entras. Yo estaba sentado en el banco con los demás. Había un pájaro que estaba cantando en el árbol afuera de la ventana. De repente, sentí que yo era ese pájaro que cantaba. Para mí, eso fue una experiencia de identidad absoluta. Yo estaba en el árbol, y estaba en el banco, el pájaro estaba en el banco y yo estaba cantando. Fue una experiencia de unidad intensa. Cuando entré a ver al maestro, me arrodillé como de costumbre y entonces me di cuenta de que el maestro estaba dormido. Era un dramaturgo y estaba haciendo como que dormía. Entonces se despertó, miró al árbol por la ventana y silbó como el pájaro. Me miró, sacudió la cabeza y tocó la campana. Me despidió.

¿Qué significado tenía esa experiencia?

Significaba que mi experiencia del pájaro no fue una experiencia real Zen. Lo más sorprendente fue que el maestro sabía lo que yo había experimentado. Otros estudiantes tuvieron experiencias similares.

¿Como cristiano, qué explicación das a estos sucesos?

En parte, no los explico. No sé cómo funcionan las cosas, pero creo que hay personas con distintos dones, sensibilidades y conciencias que otras no tienen. Algunas se pueden desarrollar. La Biblia menciona unas brujas que tenían contacto con la realidad fuera del espacio-tiempo, y que podían entrar en esa realidad por su propia voluntad, porque habían desarrollado una cierta sensibilidad, aunque estaba prohibido. El hecho de que estaba prohibido me hace pensar que la Biblia acepta que es algo real- lo cual significa que la bruja de Endor realmente podía hacer esas cosas. ¿Cómo? No creo que nadie sepa claramente cómo. Normalmente hay un elemento de magia, o chamanismo en cuanto a que se intenta controlar lo sobrenatural. Yo creo que Dios nos prohíbe usar estos dones y poderes porque eso nos llevaría a sentirnos independientes de El y a creer que no le necesitamos. Si no sabemos que necesitamos a Dios, no hay esperanza real de verdad o de vida.

El saber que necesitamos a Dios es esencial. Jesús subió a la montaña igual que Moisés. Moisés recibió la ley de Dios, pero Jesús es Dios, por lo tanto, El dio la ley en el Sermón del Monte. El Sermón del Monte es el manifiesto del Reino de Dios.

El primer punto del manifiesto es la pobreza de espíritu. Yo creo que el resto del sermón se construye sobre ese punto- si eres pobre en espíritu, el Reino de Dios es tuyo y si no lo eres, tu situación es desesperada. Estás perdido. Si practicas la brujería o la magia, desarrollas control sobre la realidad en una forma que te llevará a sentirte independiente de Dios, o a ser rico en espíritu. Por cierto, algunos avances médicos, tecnológicos o científicos, a la vez que traen muchos beneficios, pueden también ser peligrosos. Si tú confías en tu propio poder y habilidad para controlar la realidad, el Reino de los Cielos no es tuyo.

Cuando describías tu vida como monje budista Zen, dijiste que no fuiste particularmente feliz. ¿Puedes explicar más sobre esto?

Sí. Un budista Zen no tiene la felicidad como una meta, sino la realidad. La felicidad no es la razón de ser. Está muy sobreevaluada. La felicidad es un apego o vínculo. No puedes ser iluminado si estás apegado a la felicidad. La vida de monasterio era dura y también solitaria. No era una vida particularmente feliz. No me sentí completamente parte de la comunidad a la que pertenecía y por eso me fui a buscar otras comunidades que fueran adecuadas para que yo pudiera continuar el programa de mi vida. Así que visité muchas comunidades, siempre con eso en mente- pensando 'quizás éste sea el sitio donde yo deba estar'.

Muchas personas se vuelven fervientes evangelistas cuando encuentran una fe. ¿Sentiste el deseo de compartir el budismo Zen con otros?

No. No es que tuviera vergüenza del budismo Zen, sino que los budistas Zen no son muy evangelistas. Ellos dan espacio a la gente para que vivan sus propias vidas. Sin embargo, si alguien les pregunta sobre el budismo Zen, no reúsan el contestar o enseñar acerca de ello. Cuando yo viajaba, hacía meditación y muchas personas en trenes o en hostales me pedían que les enseñase a meditar, y lo hice. Les enseñé un poco sobre la meditación y sobre el yoga, pues había mucho interés en estas actividades. Mi comportamiento era un tanto extraño; era prudente y sereno y parecía algo especial. La gente quería saber acerca de ello. Muchas personas iban en buscan de la verdad, la realidad, la autenticidad y veían que yo buscaba esas cosas- y que lo hacía muy seriamente.

Has dicho que habías pensado ir a Japón, el centro del budismo Zen. ¿Llegaste a ir?

No. En 1975 me compré un billete de autobús llamado See America (Visita América). Al ser 1976 el bicentenario de los Estados Unidos, algunas compañías de autobuses estaban ofreciendo un abono especial con el nombre See America para conmemorarlo. Así que me compré un bono y me fui a visitar monasterios y gente y acabé en Nueva York, donde me hospedé con mi hermano en su piso. Allí fue donde me intoxiqué comiendo una empanadilla y estuve tan enfermo que pensé que me moría. Al día siguiente fui al aeropuerto a tomar un vuelo que había reservado para volar a Europa a través de Reikiavik, Islandia. Mi agente de viajes se había equivocado y perdí el avión. Volví al siguiente día y cogí el mismo vuelo, me subí al avión y allí me encontré con un viejo amigo. Era uno de los tenores en el coro que yo había dirigido en la iglesia Episcopal, y era cristiano. Había oído hablar de la comunidad de L'Abri en Suiza y me explicó lo que era. Estábamos sorprendidos de habernos encontrado en este avión, pues si mi agente no hubiera cometido un error, no me hubiera encontrado con mi amigo. Aterrizamos en Islandia y nos quedamos en el mismo hostal de jóvenes por dos o tres días. El decidió buscarse un trabajo con una compañía pesquera y se quedó una temporada. Yo me marché y me fui a Luxemburgo. Me quedé en Luxemburgo unos días, en un hostal de jóvenes y al tercer día me encontré de nuevo con mi amigo en el pasillo. No le había gustado la vida de pescador. Así que decidimos viajar juntos.

El no tenía planes concretos, pero yo tenía una lista de monasterios Trapenses que había obtenido en la abadía de San José en Spencer, Massachussets, con una carta de presentación en francés, alemán e inglés, la cual recomendaba que se me recibiera como a persona genuina. Así que yo tenía un billete gratis para estar en cientos de monasterios en distintos países de Europa, a donde me podía presentar y quedarme. Yo no era un simple turista, yo era un monje y así era como quería presentarme en los sitios. Tenía interés por saber si practicaban zazen o yoga. Quería aprender sus costumbres y vivir con ellos. En todos los sitios nos recibieron con brazos abiertos. Al caminar por la sala del monasterio, alguien se acercaba a mí y me decía en voz baja: 'Zazen en el salón a las cuatro de la mañana', o algo así. No era algo conocido, pero muchos monjes experimentaron con zazen. Así que yo me presentaba en el salón y allí estaban el abad, el maestro, el aprendiz, el invitado especial, pero no había monjes menores. Tan sólo los superiores. Quizás media docena, de una comunidad de cincuenta personas.

¿Crees que eran cristianos?

No soy el Espíritu Santo, así que no tengo claridad total en este asunto. Los monjes Trapenses no eran todos iguales. Es posible que cada uno tuviera una relación con el Espíritu Santo diferente. La vida Trapense es una vida muy ordenada, pero nadie sabe realmente lo que hay en el corazón de un monje. Thomas Merton era un monje Trapense de Kentucky y, en realidad, era un budista Zen. Estaba muy relacionado con D.T. Suzuki, el autor del libro 'Zen y la cultura japonesa', el libro definitivo en esta materia. Merton escribió 'Zen y los pájaros del apetito' y 'Oración contemplativa'. Merton escribió muchos libros y fue popular al mismo tiempo que Suzuki lo era. Hay gente interesada en Merton todavía. Fui a visitar el monasterio donde él vivió, que era el monasterio Trapense más grande del mundo en aquel tiempo. Era un establecimiento enorme, con ermitas en el bosque y edificios grandes. Un día yo estaba caminando por el pasillo principal y un hombre mayor de unos ochenta años con una larga barba me vio y dijo: 'Hola, me llamo David' y yo dije: 'Me llamo Ellis' y entonces empezó a bailar en círculos a mi alrededor. El me preguntó: '¿Sabes por qué estoy así?' y yo dije: 'No', a lo que contestó: 'Es el Espíritu Santo. Me tengo que ir. Adiós'. Y siguió su camino por el pasillo. Era un buen hombre y yo creí que era genuino. Me gustaba este hombre. Era el abad jubilado del monasterio. Esto es un ejemplo de cómo no todos los Trapenses eran iguales.

¿Alguien intentó convertirte?

No. Eran agradables, amables y alentadores. Los monasterios no son iglesias. No reclutan de una forma evangelística, sino que esperan que alguien tenga una vocación monástica y venga a ellos.

¿Por qué había tanto interés en la meditación entre los monjes católicos?

Ellos llevan meditando desde el siglo sexto, desde San Benedicto. Como consecuencia, están interesados en otras personas que meditan. Tienen menos en común un monje Trapense y un católico laico que trabaja en telecomunicaciones que un monje Trapense y un monje budista. Los monjes Trapenses y los budistas viven en comunidad, llevan ropas especiales y han hecho votos de obediencia y pobreza. Ambos meditan y practican actos religiosos varias veces al día. Sus vidas son muy similares.

Me hago cristiano

¿Y después de visitar todos los monasterios fuiste a L'Abri?

Mi amigo, el que me encontré en el avión que iba a Europa, quería visitar L'Abri, así que fui con él. Sólo había un problema: él no sabía dónde estaba. Sólo sabía que estaba en Suiza. Yo le pregunté qué era L'Abri y me dijo que era una comunidad de cristianos que piensan. Yo estaba escéptico, pero como él me había acompañado a varios lugares, decidí ir con él. Íbamos a hacer autostop para ir a Suiza desde Mainz, en Alemania y uno de los primeros coches en la autopista paró para recogernos. Un chico joven de Neuchatel, Suiza, nos llevó en su cochecito 'dos caballos'. Nos invitó a ir a su piso y nos llevó a una reunión con sus amigos. Fuimos a un cobertizo en las montañas y a lo que parecía ser una reunión de brujas. Había un chico con una daga- la única que he visto en Europa- la cual lanzaba a una mesa de madera, la volvía a coger y de nuevo la volvía a lanzar. Estaba sentado en una silla de capitán. Al rato, puso sus manos en los brazos de la silla, se puso de cabeza abajo y caminó por el techo con las manos puestas en los brazos de la silla. Era increíblemente fuerte, como un acróbata. Mi amigo y yo nos miramos el uno al otro y pensamos que nos iban a comer. Pedimos disculpas y nos marchamos. No sabíamos lo que íbamos a hacer. Empezamos a caminar por la nieve, sin transporte alguno; lo que sí sabíamos era que queríamos irnos de aquel lugar. Nuestro conductor nos siguió y nos llevó a su casa para pasar la noche. Por la mañana nos ofreció llevarnos a donde quisiéramos. El no sabía dónde estaba L'Abri, pero consiguió encontrarlo. El no era cristiano, pero para nosotros fue como un ángel. Era el día de Acción de Gracias en 1975. Habían preparado un banquete con pavo en L'Abri y nos invitaron a comer.

¿No eras vegetariano entonces?

Lo era, así que no comí el pavo, sólo las verduras. Todo el mundo estaba hablando, había mucho ruido, y también había niños. Pensé que era un lugar loco. Mi experiencia de la espiritualidad había transcurrido siempre en silencio y L'Abri era radicalmente diferente. Había una mujer joven sentada frente a mí que estaba junto a su marido. Me acerqué a ella y le pregunté: '¿Cómo te llamas?'. Ella contestó: 'Asombrosa y Maravillosamente creada'. Miré a mi amigo y él me miró a mí. Por cierto, aún conozco a esa mujer y a su marido- desde 1975. Imagino que no es la respuesta que le da a todo el mundo, pero en aquel momento se sintió movida a decírmelo a mí. Me quedé allí tres semanas y luego me fui a Italia, porque no estaba convencido de que L'Abri tuviera la verdad. Incluso pensé que algunas de sus ideas eran peligrosas, particularmente la idea de que hay Dios y no-Dios. Me parecía una idea divisiva y no unificadora.

Me quedé en Italia por cuatro meses, viajando y visitando monasterios. En Roma estuve seis semanas y estudié la ceremonia japonesa del té con Michiko Nojiri, que fue la primera mujer maestra de té que salió de Japón. Siempre me ha gustado la ceremonia del té, porque es un arte magnífico que incluye una gran variedad de formas periferias, como la caligrafía, la ikebana, la arquitectura, la psicología e incluso la política. Es una forma de arte estupenda y muy inclusiva.

Cuando estuve en Roma, fui a la sala de meditación de Michiko Nojiri cada día. Hacían meditación en la sala, donde había un keisaku, que es la vara larga con la que el Jikikitsu golpea a la gente durante la meditación Zen, pero nadie sabía cómo usarla. Ellos me preguntaron: '¿Sabes usar esta keisaku?' y yo dije: 'Sí' y me dijeron: '¡Oh, por favor!'. Así que yo me paseaba alrededor de ellos en la sala de meditación y les golpeaba cuando lo necesitaban.

¿Cuándo necesitan que se les golpee?

Es una cosa Zen profunda y complicada. Cuando haces meditación, tienes que estar sentado completamente quieto. A veces te entran calambres, o te duermes o te desorientas. El jikijitsu se pasea alrededor en silencio con la vara y si ve que no estás sentado derecho se pone delante de ti y te da un toque en el hombro. Entonces tú te inclinas y él se inclina y te da dos golpes en la espalda. Hace un ruido muy fuerte y despierta a todo el mundo. Si lo hace correctamente, todos los músculos de la espalda se relajan y, junto con el ruido, te ayuda y te estimula. Si te desorientas, te da un golpecito en el hombro y te muestra la vara verticalmente para que puedas orientarte hacia ella. Un jikijitsu experto también te golpea si estás meditando muy bien, porque te impulsa a otro nivel de conciencia Zen. No puedes ir golpeando a la gente sin sentido, porque si lo haces en el momento inapropiado, puede desanimar y eso no ayuda. Yo llevaba la vara en monasterios en Europa y me acuerdo de que había un dentista entre los estudiantes que necesitaba que le golpearan más que a nadie. Estaba agradecido por eso y, cuando más tarde tuve problemas con mis dientes, le llamé y me dio una cita enseguida y ni siquiera me cobró por el tratamiento.

Maravilloso!

Sí; es una comunidad llena de gente interesante. No sé exactamente cómo describirlo.

¿Qué más hiciste en Roma?

Después me fui a Nápoles y de ahí a un monasterio Camaldulense. Esta orden fue fundada por San Romualdo. Los monjes son ermitaños. Me quedé en una ermita y después volví a Roma. Quería visitar Asisia, así que cogí un tren. En uno de los vagones había un grupo de soldados cantando canciones; en otro había familias con niños y en otro había siete monjas vestidas completamente de negro. Yo también iba vestido de una manera similar, con mis ropas Zen y un collarín blanco. Me invitaron a entrar y me senté con ellas. La madre superiora hablaba inglés. Me preguntó quién era yo y le dije que era un monje Zen en ruta a Asisia. Ella me dijo: 'Si alguna vez vienes a Roma y quieres visitar al papa, ven a mi oficina y te organizo una cita con él'. Y así lo hice cuando volví a Roma; fui a su oficina y ella me dio un pase para la audiencia general del miércoles. Cuando llegó el miércoles, me presenté en la sala de audiencias de Pedro y Pablo, donde había congregadas tres mil personas, todas de pie. El maestro de ceremonias nos explicó cómo se desarrollaría la audiencia y nos dijo: 'Van a traer a su Santidad en un trono portátil. Su Santidad tiene buena salud y puede caminar, pero lo llevamos así para que todos le puedan ver'. Entonces un soldado suizo golpeó la puerta tres veces con la culata de su lanza. La puerta era enorme y el sonido que hizo fue como de un tambor. Fue espectacular. Entonces se abrieron las puertas y allí apareció Pablo VI, con su túnica dorada, su mitra en la cabeza y su larga capa. Lo llevaban seis hombres y era muy ceremonioso.

Las tres mil personas estallaron en una ovación de gritos y saludos entre risas y saltos. Le llevaron por el pasillo central e iba tocando a todos los que podía. Alguien le dio un bebé, hizo parar el trono, tomó el bebé en sus manos y lo lanzó al aire, cogiéndolo otra vez. Era como si dijera: '¡Celebra la vida!'. Parecía como si estuviéramos en un partido de fútbol y nuestro equipo hubiera metido un gol. Yo pensé: 'Este hombre sabe lo que hace. Llevan dos mil años haciendo esto'. Dio un mensaje de saludo en seis idiomas. Su inglés era perfecto y su francés bastante bueno. Luego dijo: 'Estoy tan contento de que hayáis venido; me encanta estar con vosotros'. Era como si estuviéramos en su salón y él fuera nuestro anfitrión. Estaba totalmente relajado. Después, diferentes grupos le saludaron en persona en una ceremonia especial que habían preparado, y eso le encantó. Esta fue una experiencia increíble, pero no sentí la necesidad de ser católico.

¿Esto no te convirtió al cristianismo?

No me convirtió al catolicismo. Tengo muchos amigos que son católicos, y creo sinceramente que son cristianos. Oran conmigo, trabajo con ellos y tenemos buena comunión, pero no me siento atraído a la iglesia católica como institución. Si quieres ser cristiano como un católico, lo haces a través de la iglesia. Yo nunca he aceptado que la iglesia tenga poder para salvarme. Nunca pensé que la iglesia me ayudaría a ser real. Hay millones de personas que creen que la iglesia puede salvarles. Entiendo su motivación, pero a mí nunca me ha convencido. He leído los tres volúmenes sobre

Jesús que escribió Benedicto XVI, y siempre lo recomiendo, porque es muy interesante. Es un libro maravilloso. Ya sé que hay muchos cristianos protestantes que están opuestos a la iglesia católica y creen que el Papa es el anticristo. Yo nunca he tenido esa actitud, pero tampoco he tenido ni tengo el deseo de dar mi vida a la iglesia católica.

Después de ver al Papa, fui a Reggio Calabria porque quería ir a Sicilia. De viaje en el tren, me senté en un vagón en el que había un hombre de unos sesenta años con su mujer. Hablaba un poco de inglés y yo hablaba un poco de italiano. Hablamos de todo. Su mujer no dijo ni una palabra. Comimos juntos y le dije que yo era músico. Él dijo: '¡Il Lirico!' y empezó a hablar sobre Verdi y la ópera y de repente empezó a cantar. Se puso de pie y cantó por completo el Rigoletto- todas las voces. Se arrodilló en el suelo, se puso de pie sobre el banco, salió al pasillo y se puso la chaqueta sobre su cabeza y cantó: 'Vendetta, vendetta...'. Fue una actuación loca y maravillosa. Me quería invitar a ir a su casa, pero no fue posible, pues tenían un funeral. Luego me dijo: 'Sabes, mi mujer es la presidenta de la asociación italiana de psiquiatras de niños y te puedes quedar en su oficina. Aquí tienes las llaves. Cuando te vayas, las pones en el buzón'. Así que me quedé allí por tres noches. Luego cogí un barco hacia Messina.

De Sicilia fui a Malta. Me quedé allí varios días y me encantó. Entonces volví a Suiza, a L'Abri, porque me había cansado de intentar hablar en italiano. Sabía que mi amigo aún estaba en L'Abri y quería verle. Pensé que las ideas que tenían en L'Abri eran peligrosamente incorrectas y que necesitaban que alguien ayudara a esa gente.

Se arrodilló en el suelo, se puso de pie sobre el banco, salió al pasillo y se puso la chaqueta sobre su cabeza y cantó: 'Vendetta, vendetta...'. Fue una actuación loca y maravillosa.

¿No es eso el celo de un evangelista?

Sí, yo fui el misionero de Francis Schaeffer. Pero fui un misionero terrible porque fui yo el que me convertí, no él.

¿Esto fue en 1976?

Sí, en primavera. Les dije que me quería quedar allí con mi amigo. Ellos me respondieron: 'Puedes quedarte como estudiante, pero para ser estudiante nos gustaría que dijeras que es posible que el cristianismo sea verdad'. Les dije que sí porque no estaba seguro de lo que querían decir por 'cristianismo' y la idea de Dios me era muy familiar. Pero, como budista Zen, yo no creía que Dios era absoluto. Yo creía en Dios, pero mi pregunta era: '¿Qué hay detrás de Dios? ¿Cuál es el contexto de Dios?'.

Así que me hice estudiante y estudié por unos tres meses, principalmente las clases de Francis Schaeffer sobre el libro de Romanos. Tuve muchas conversaciones y discusiones. Una tarde, cuando me encontraba en la planta de arriba del chalet donde me hospedaba, estaba leyendo 'Escapando de la Razón' y recuerdo que levanté la vista y de repente todo el universo cambió de foco. No de forma, sino de foco. El cambio fue sutil. No estaba relacionado con lo que estaba leyendo en particular. Simplemente, levanté la vista del libro y sentí un cambio. Fue como si me hubiera cambiado las lentillas. Vi la realidad como algo fundamentalmente personal. Así que, cuando miré a los Alpes, vi que habían sido creados por un creador personal, y los vi cambiados.

Antes de que ocurriera esto, otras personas trabajaron duro para responder a mis preguntas. Yo hacía preguntas como: '¿Es lo no-personal necesariamente sub-personal?' y '¿Es posible que exista una no-persona super-personal de la cual procede la personalidad?'.

Una forma en la que Dios trabajó en mi vida fue a través de una música que se repetía en mi cabeza. Cuando yo era estudiante de universidad, canté en la ópera de *Mikado*, creada por Gilbert y Sullivan y una de mis frases decía: '¿Quién eres tú que haces esta pregunta?'. Esta frase la tenía metida en la cabeza continuamente cuando estuve en L'Abri y me di cuenta de que tenía que tomarla en serio. Así que me pregunté a mí mismo: '¿Quién me está haciendo estas preguntas?'. Con el tiempo, me di cuenta de que la respuesta budista es: 'La pregunta es'. Pero la respuesta cristiana es: 'Yo te pregunto'. El 'Yo' que hay en Cristo es eterno. Eso marcó la diferencia y empecé a darme cuenta de que no tenía ningún recuerdo de mí mismo en el que no hubiera preguntas. Empecé a ver que la salvación cristiana era más completa, porque salvó mis preguntas. Eso me hizo dirigirme hacia el cristianismo.

¿Piensas que el momento en el que levantaste la mirada del libro fue el momento de tu conversión?

Sí. Había una mujer en la habitación que no era cristiana. Se llamaba Holly. Me volví a ella y dije: 'Holly' y ella respondió: 'Sí'. Yo le dije: 'Lo creo'. Ella dijo: '¡Me alegro mucho por ti!'. Más tarde, ella también se convirtió, pero, como persona no-cristiana, me dijo 'Me alegro mucho por ti' porque de alguna manera se daba cuenta de que había encontrado algo y había tomado una decisión.

Has dicho que tuviste una experiencia de iluminación durante la meditación. ¿Puede un cristiano experimentar algo así?

Creo que algunos sí. Yo tuve una experiencia así. Mi conversión fue una experiencia de iluminación.

Pero no fue lo mismo que sentirse uno con el universo, me imagino.

No, no fue así, pero fue claramente una experiencia, como un reenfoque. Fue una experiencia calmada, pero también decisiva y permanente.

¿Cómo te ayudó Francis Schaeffer a encontrarte con Cristo?

Era un hombre amable y generoso con su tiempo. El respondió a mis preguntas en discusiones públicas largo y tendido. Luego preguntaba: '¿Te ha ayudado eso?' y yo a veces decía 'No', a lo que él respondía: 'Tenemos que parar ahora, pero seguiremos la discusión el próximo sábado'. Y lo hacía.

Un día yo estaba sentado en el rincón y levanté la mano. No sé ni cómo me vio, pero dijo: '¡Ellis!' y yo dije: 'Doctor Schaeffer, ¿por qué es Dios?'. La gente empezó a reírse y él gritó: '¡No se rían!'. Se volvió hacia mí y dijo: 'No lo sé. Siguiente pregunta.' Cuando me fui de la reunión me di cuenta de que había encontrado la respuesta a una pregunta epistemológica de hacía mucho tiempo: ¿Puede un ser humano tener una relación de conocimiento con algo fuera de sí mismo que sea válida?'. Un budista diría que no. Me di cuenta de que Schaeffer sabía que no sabía la respuesta y no había manera de sacar ese conocimiento. Su falta de conocimiento no era el mismo; era una relación que él tenía con el concepto de no saber. Tres semanas más tarde me convertí al cristianismo. La respuesta que me dio Schaeffer fue de gran ayuda. Fue irónico; el Dr Schaeffer, que había pasado toda su vida dando respuestas honestas a preguntas honestas, me bendijo a mí cuando dijo: 'No lo sé'. El sabía mucho y explicaba mucho, pero, para mí, su desconocimiento fue lo que más me ayudó.

¿Hablaste con otras personas en L'Abri sobre la meditación? ¿Practicaste la meditación con otros en L'Abri?

Hablé con otros sobre la meditación, pero nunca medité con otros. No me pareció ético trabajar con propósitos diferentes a los de la comunidad cristiana con la que me estaba hospedando, aunque yo no era cristiano en aquel momento. Dije ciertas cosas y algunos trabajadores tenían temor de mí, pero a pesar de todo ese estrés, yo no era subversivo. No hice grupitos separados. Eso hubiera sido incorrecto, poco ético, ingrato y un mal karma.

¿Por qué te tenían miedo algunos de los trabajadores?

Porque no podían contestar a mis preguntas ni a mis ideas y tampoco entendían mucho mi posición ni mis experiencias ni mi filosofía. Era algo totalmente extraño para ellos. Por más que lo intentaban, no podían comprenderme.

Cuando te convertiste, ¿dejaste de meditar de la forma Zen inmediatamente?

En seguida supe que la oración debía reemplazar a la meditación en mi vida, pero, en cierto sentido, la meditación era una adicción para mí porque era una terapia. Yo me ponía a meditar siempre que estaba estresado o tenía dolor, tanto físico como emocional. Eso me ayudaba a estabilizarme y a encontrarme mejor. Así que, después de convertirme, continúe practicando la meditación por un año más o menos, aunque cada vez menos. Poco a poco lo fui dejando, con la ayuda de Dios.

Los años 60 y 70 fueron tiempos turbulentos: la guerra fría, la guerra cultural, Vietnam, etc. ¿Estos acontecimientos impactaron tu manera de pensar y cómo veías la realidad?

Aunque yo seguía de cerca lo que estaba pasando en el mundo, no me comprometí personalmente con los acontecimientos mundiales. Debido a mi budismo Zen, yo creía que estaba funcionando en una realidad mayor a esos eventos. Yo sentía que si intentaba entenderlos no me conduciría ni a la vida ni a la verdad. Por eso no me ocupé de intentar arreglar el mundo.

¿Esa actitud cambió después de tu conversión?

En cierta manera, sí cambio. Empecé a considerar los acontecimientos mundiales, históricos, políticos y económicos desde el punto de vista del Reino de Dios. Pero no tengo una mente política que sea capaz de ofrecer una solución o una alternativa para salvar al mundo. Me concentro más en intentar amar, crecer y enseñar los principios básicos.

¿Qué ocurrió después de tu conversión?
Solicité ser ayudante en L'Abri.

¿Tan pronto como te convertiste?
Unas semanas después de mi conversión. Fui aceptado y trabajé como ayudante en el chalet donde estuve viviendo cuando era un estudiante. Viví con Udo y con Deborah Middelmann. Deborah es la tercera hija de Francis Schaeffer. Ellos me ayudaron mucho y me apoyaron en mi decisión de conversión cuando era estudiante. Trabajé con ellos casi un año. Ese fue un tiempo de aprendizaje para mí. Me comprometí más con el trabajo de L'Abri

y entonces surgió la oportunidad de ser un 'monitor' (persona a cargo de un chalet en L'Abri) por una temporada. Fue un cambio brusco el pasar a ser la persona responsable, pero me gustó ese reto.

Luego me mudé a un chalet pequeño y me involucré en varias actividades, como la grabación de casetes de las charlas y de los sermones y también estuve a cargo de la librería. Incluso me puse a cocinar para los estudiantes y eso fue algo que me encantó.

¿Cómo era L'Abri en aquel tiempo?

En aquel entonces, L'Abri en Suiza era bastante grande. Había alrededor de veinte trabajadores y unos cien estudiantes. Mucha gente vino en los años setenta porque muchos jóvenes emigraron a la India en busca de la verdad. L'Abri estaba situado sobre dos mapas. Por un lado, estaba ubicado en el mapa de las comunidades espirituales que muchos no-cristianos conocían y, por otro lado, estaba situado en el mapa del país de la reforma. Había gente que viajaba a Wittenberg y luego a distintos sitios donde surgió la Reforma, como Ginebra y de ahí iban a L'Abri. Era conocido como una comunidad reformada porque Francis Schaeffer era presbiteriano reformado.

¿Cuándo empezaste a enseñar en L'Abri?

Cuando era un ayudante. Di cinco charlas sobre el budismo Zen- su historia, su filosofía, prácticas, su extensión geográfica y la influencia y el desarrollo de Zen en la cultura y el arte. Tenía yo entonces veintiocho años. Un año después de mi conversión, me invitaron a dar clases en una conferencia en una escuela Bíblica al norte de Paris. Yo soy músico y aquella conferencia internacional era sobre música. Los trabajadores tenían que pedir permiso al claustro de profesores de L'Abri para poder aceptar invitaciones como ésa porque alguien te tenía que sustituir y hacer tu trabajo cuando estabas fuera. Creo que se dieron cuenta de que yo era un buen trabajador y que necesitaba un descanso porque trabajaba muy duro y estaba un poco estresado. Ellos pensaron que me iría bien un cambio, así que me dejaron ir. Por eso empecé a enseñar mucho antes de lo acostumbrado para una persona de L'Abri debido a mi experiencia.

Mi serie sobre la enseñanza del budismo Zen formó parte de la biblioteca de enseñanza de L'Abri. Era importante, porque aquellos profesores que no sabían mucho del budismo Zen podían consultar y sugerirlo a sus alumnos. Era un gran proyecto, y me lo tomé en serio. Ahora, cuando pienso en ellos, me siento un poco abrumado por esas charlas. Son un tanto petulantes, con demasiados detalles, aunque todavía hay gente que me dice que les hizo bien escucharlas. Una mujer me envió una carta unos años después de dar una de esas charlas. Era una monja Zen. Alguien le había dado un casete de mis charlas y se había convertido a través de ellas. Yo pensé que tan sólo por ella ya había valido la pena.

¿Cuando estabas trabajando en L'Abri, pensaste que era el plan de Dios para tu vida?

No, y todavía hoy no puedo ver el plan de Dios para mi vida. Yo no animo a nadie a buscar el plan de Dios para sus vidas, porque pienso que normalmente la gente no lo ve. Creo que Dios puede enseñárselo a alguien, pero no pienso que sea necesario.

Creo que somos guiados por el Espíritu Santo a plazo corto más que a largo plazo.

El Espíritu Santo me guía en la conversación que estoy teniendo contigo ahora, pero no soy guiado por el Espíritu Santo en cómo enseñaré o cómo me relacionaré con la gente dentro de unos meses. Yo espero que el Espíritu Santo me guie y me de ideas interesantes, pero tendré que probar esas ideas para asegurarme de que vienen de El y no son un producto de mi fantasía. Esto es importante, porque por mi cabeza pasan muchas ideas y algunas son apropiadas y funcionan, pero otras no funcionan ni son apropiadas y no quiero culpar al Espíritu Santo de ello. Algunas de mis ideas son estúpidas.

Tengo este punto de vista mayormente porque trabajé en L'Abri. La comunidad de L'Abri está fundada sobre principios radicales de vivir por fe. Si tú trabajas en L'Abri, tú no levantas fondos. No pides dinero a nadie. Tan sólo oras. L'Abri no hace publicidad, no recluta trabajadores, no hace planes; los planes se desarrollan poco a poco. El trabajo básico de L'Abri es quedarse en casa y orar que Dios traiga a la gente que El elija para que tú les sirvas, les des abrigo y acogida, y para que trabajes con sus preguntas y las situaciones de sus vidas. Esa es la función básica de L'Abri. También se va a otros sitios a predicar o a dar una charla o se escriben libros, pero eso es algo secundario. El principal trabajo es vivir, confiar, esperar y ver lo que Dios te mostrará día a día. Las finanzas de L'Abri son precarias a propósito, por lo que, si Dios quiere terminar el trabajo en L'Abri, se puede cerrar en uno o dos meses. No hay plan de contingencia. No hay seguros ni ahorros para mantener el trabajo de L'Abri si Dios quiere terminarlo. L'Abri no tiene un plan de negocios y esto hace que te des cuenta de dos cosas: te hace realmente inseguro, lo cual puede ser saludable, porque sabes constantemente cuánto necesitas a Dios; y la otra cosa es que cuando pagas todas las cuentas a final de mes, es un milagro y te regocijas, dando gracias a Dios.

Sin embargo, no tienes ninguna evidencia de que las facturas se van a pagar a final del mes que viene, por lo que, cuando se vuelven a pagar, es otro milagro. Vives constantemente en la realidad del milagro. L'Abri lleva funcionando de esta manera sesenta años. La mayoría de los economistas podrían predecir que L'Abri va a desaparecer enseguida porque 'así no se puede vivir'.

Los estudiantes pagan una cuota, ¿no?

Sí, pero esas cuotas son aproximadamente un veinte por ciento del gasto total. Esto se estableció después de considerar en oración el hecho de que no fuera gratis. La gente debe pagar algo, pero a la misma vez siempre ha habido becas para estudiantes procedentes de África y de Europa del este. Los que venían de países comunistas no podían pagar, ni pagaron- había becas para ellos. Todavía las hay para gente de Bulgaria, Romania, Bielorrusia y otros lugares. Si sobra dinero se da para estudiantes que no pueden pagar. Cuando yo era un trabajador, teníamos un salario- se llamaba 'donación'. Nos daban ciento cincuenta francos al mes. Con ese dinero no puedes vivir ni un día en la economía local.

¿Hay alguna diferencia entre el L'Abri de hoy y el de hace cuarenta o cincuenta años?

Hay algunas diferencias en cuanto a estilo y ambiente, pero no en cuanto a la enseñanza. Hace cincuenta años no había clases sobre el postmodernismo y ahora sí. Los principios básicos – vivir por fe, ofrecer hospitalidad, dar respuestas honestas a preguntas honestas y dar acogida- no han cambiado fundamentalmente.

¿Cómo conociste a tu mujer?

Nos conocimos en el salón de Francis Schaeffer. Cuando conseguimos la película ¿Cómo pues viviremos? en carrete en 1977, necesitábamos un proyector para verla, pero no había uno en L'Abri. Mary tenía uno en su casa porque lo usaba en su trabajo en el hogar de niños discapacitados en el Chalet Bellevue, el cual estaba justo al lado de L'Abri. Así que le pidieron si podía traer su proyector al salón de Schaeffer para que pudiéramos ver la película. Cuando terminó la película, le pregunté a alguien: '¿Quién es la mujer que tiene el proyector?' y me dijeron: 'Es Mary Johnson, la directora de Bellevue, el hogar y escuela para niños discapacitados'. Entonces alguien me dijo que ella tenía un clavecín. Yo tocaba la flauta, que es también un instrumento barroco, por lo que, dos semanas más tarde me presenté en su chalet y llamé a la puerta. 'Hola', le dije cuando abrió la puerta, 'es posible que no te acuerdes de mí, pero alguien me dijo que tocas el clavecín. Yo toco la flauta. ¿Te interesaría que tocáramos juntos de vez en cuando?'. Ella me invitó a entrar en su casa, me mostró el clavecín y empezamos a tocar música juntos. Así nos fuimos conociendo, pasamos tiempo juntos y dos años más tarde nos casamos. Fue en realidad una decisión difícil, porque ella me llevaba veinte años, lo cual es poco corriente. Tuvimos que pararnos a pensar: 'Señor, ¿cómo resultará eso...?', pero luego nos decidimos a hacerlo. Tienes que tener especial cuidado cuando hay tanta diferencia de edad. Cuando ambos aún trabajábamos no había mucha diferencia, pero cuando Mary se jubiló fue más difícil. Yo no podía vivir como un jubilado, pero ella quería vivir como una jubilada. Tuvimos que hallar la respuesta a preguntas difíciles.

Dos semanas más tarde me presenté en su chalet y llamé a la puerta. 'Hola', le dije cuando abrió la puerta, 'es posible que no te acuerdes de mí, pero alguien me dijo que tocas el clavecín. Yo toco la flauta. ¿Te interesaría que tocáramos juntos de vez en cuando?'

¿Cómo resolvisteis esas diferencias?

Día a día, con paciencia. Poco a poco las fuimos resolviendo.

¿Somos nosotros los que decidimos con quién casarnos o somos creados para una persona especial?

La predestinación y el libre albedrío son lados opuestos de la misma moneda. Para que la moneda tenga valor, necesitamos los dos lados. La gente a menudo lucha con la pregunta: '¿Qué lado de la moneda te gustaría tener?'- o, por decirlo de otra manera: '¿Qué lado de la moneda es verdadero y más valioso?'. Yo creo que esa pregunta es malvada, y procede directamente de Satanás, el diablo. La pregunta es científica del tipo de iluminación, en la cual la realidad se entiende como algo que es 100%, como si pudiera expresarse en un gráfico matemático de dos dimensiones o en un diagrama de sectores. Intentamos poner la predestinación y el libre albedrío en un gráfico en el que Dios tiene una parte y nosotros otra. Para algunos, la división de 50-50 parece lógica, pero no puede funcionar en realidad porque sabemos a través de la Biblia que Dios es completamente soberano. Si damos a Dios tan sólo el 50% del gráfico no refleja esto. Podríamos darle el 51% y dejar el 49% al libre albedrío- o incluso dar a Dios el 99% y dejar tan sólo un 1% al libre albedrío, pero estas soluciones aun no son satisfactorias.

Si osamos darnos el total del 100%, entonces Dios está de vacaciones simplemente mirándonos y no haciendo nada. Por lo tanto, ninguna de esas soluciones es aceptable. En mi opinión, el mejor enfoque lo encontramos si usamos una imagen hebrea de la realidad, que es más que de dos dimensiones. Tenemos que pensar en la predestinación como un cilindro, o un disco, en el que Dios es soberano al 100% y el libre albedrío es otro cilindro en el que los seres humanos son responsables al 100%. Esos dos discos se cruzan y forman una realidad de tres dimensiones- una realidad más completa en la cual tanto la soberanía de Dios como la responsabilidad humana son necesarias y en la cual ninguna de ellas puede ser reducida. Para mí, esa es la mejor solución.

Por lo tanto, yo escogí a Mary al 100% y Dios me dio Mary al 100%. Las dos funciones tienen una relación de complementación, no de competición. La mente occidental, que es científico-racional, siempre ve esas relaciones compitiendo por espacio en un cilindro del 100%. Sin embargo, en una esfera tridimensional, en la que la predestinación y el libre albedrío tienen una relación complementaria, funcionamos en una realidad del 200%, en la que Calvino (predestinación) y Arminio (libre albedrío) se besan.

¿Dónde vivisteis después de casados?

Yo me mudé al chalet de Mary. Aún trabajaba yo en L'Abri en aquel tiempo. Mary no llegó a ser una trabajadora en L'Abri a tiempo completo, aunque lo estuvimos considerando. Ella era la única persona que legalmente podía dirigir el trabajo con los niños discapacitados y no podía jubilarse sin cerrar la institución. Ella se involucró en el trabajo de L'Abri y a menudo teníamos estudiantes en nuestra casa a comer, pero nunca fue trabajadora de la manera que yo era.

¿Cuál fue tu foco principal en L'Abri en los años ochenta?

Di una serie de charlas sobre la historia de la música en nuestra casa. Esas charlas, que incluían ejemplos musicales, fueron grabadas y forman parte de la biblioteca de L'Abri. Nunca las he puesto en un libro, desafortunadamente. En realidad, no di muchas clases, pero sí fui tutor de muchos estudiantes, trabajé en el jardín, llevé la librería y me encargué de los aspectos técnicos y prácticos de la biblioteca, como la grabación, copia y distribución de casetes. Fue por este tiempo cuando empecé a predicar y poco a poco lo hice más a menudo.

¿Cuántos años pasaste en el L'Abri suizo?
Dieciséis, hasta 1991.

Mi vida como pastor

Debió de ser un cambio muy grande el dejar L'Abri después de dieciséis años para ser pastor de una iglesia. ¿Cómo fue la transición?

Cuando me convertí en pastor en 1991 y me mudé a Basilea, la iglesia me pagaba un salario. Creo que mi salario era el más bajo de todos los hombres de la congregación, lo cual era un bochorno para algunas personas. Yo me sentía financieramente inseguro con este salario, porque no estaba viviendo por fe de la misma manera en la que me había acostumbrado a vivir durante mi estancia en L'Abri. Los primeros dos años fui a los ancianos de la iglesia tres veces y les dije: '¿Estaríais dispuestos a dejar de pagarme un salario y sólo orar por mis finanzas?'. Ellos eran gente de negocio, ejecutivos, jefes, ingenieros, y me dijeron: 'No, no estamos dispuestos a hacer eso'. Cuando pregunté la tercera vez me insinuaron que la próxima vez me despedirían. Así que acepté el salario y me adapté a él.

Cuando estabas en L'Abri no hacías planes para el futuro- te guiabas por el Espíritu Santo. ¿Fue diferente en tu iglesia?

En la iglesia aceptamos la visión de las finanzas profesadas en L'Abri. Estaba escrito en la constitución de la iglesia que se terminaría cada año financiero a cero. Si sobraba dinero, se daba a otras personas o a causas, por lo que empezábamos a cero como un acto de fe, algo que yo aprecié mucho. Estaba claramente escrito en la constitución de la iglesia que la cuota de membresía era cero. Por eso, los miembros de la iglesia no estaban forzados a apoyar la iglesia financieramente. Esto era un punto importante para que nadie pensara que la salvación se compra con dinero. La membresía no costaba nada, se acababa el año financiero a cero y así se volvía a empezar. Como alguien procedente de L'Abri, yo me sentía cómodo con eso.

¿Por qué dejaste L'Abri?
Yo conocía la iglesia de Basilea por bastantes años. No recuerdo cómo estábamos en contacto, pero Mary y yo solíamos ir al menos una vez al año para dar una charla en un retiro, o a predicar, o a hacer algo especial en la iglesia. La iglesia apreciaba L'Abri y a Francis Schaeffer. Esta iglesia había funcionado sin pastor desde su fundación, pero había crecido y decidieron que era demasiado trabajo para los ancianos y que podían permitirse el tener un pastor. Uno de los ancianos de la iglesia vino con su mujer a visitarnos y durante la cena nos preguntó: '¿Querrías ser el pastor de nuestra iglesia?' Recuerdo que dije: 'No, estoy trabajando en L'Abri. Gracias, pero no'. Ellos dijeron: 'Bueno, estamos buscando un pastor y tenemos una lista con las características y los requisitos que buscamos. Dejamos la lista contigo y si conoces a alguien que cumpla con estos requisitos, ponlo en contacto con nosotros'. Se fueron, leí la lista y pensé: 'Buena suerte'. Más tarde esa noche me di cuenta de que la lista me describía con gran exactitud y no podía pensar en nadie más que se ajustara a la descripción. Así que empecé a considerarlo seriamente. Cambié mi respuesta de 'no' a 'quizás', visité la iglesia unas cuantas veces, prediqué, hablé con ellos y les puse unas condiciones muy estrictas. Ellos cumplieron mis requisitos y por fin dije que sí.

¿Qué condiciones pusiste?
Les dije que quería cada mañana para estudiar, hasta el mediodía. Eso incluía no ir a reuniones o contestar el teléfono- hasta el

mediodía. También dije que no esperaran nada de mi mujer- me contrataban a mí, no a mi esposa. Me otorgaron mis peticiones.

¿Por qué esas dos peticiones en particular?

¿Por qué no? Preparar un sermón lleva tiempo. Les dije que me cuesta unas veinte horas preparar un sermón y si trabajo cuarenta horas a la semana, la mitad las paso preparando el sermón y la otra mitad en reuniones, visitas al hospital, llamadas telefónicas y otras cosas. Los ancianos estuvieron de acuerdo, pero había gente en la iglesia, particularmente mujeres, que decían que un sermón no necesita tanto tiempo de preparación. En seguida empecé una clase de predicación y alrededor de doce hombres vinieron una vez al mes. Luego, unos cuantos empezaron a predicar y cuando habían predicado un par de veces, sus mujeres vinieron a decirme que veinte horas no eran suficientes.

Y tu segunda condición, ¿tuvo que ver con proteger a tu mujer?

Sí. De hecho, ella ya estaba involucrada con el trabajo en la iglesia, pero había sido iniciativa suya- cosas que ella quería hacer y no cosas que tenía que hacer por ser esposa de pastor. Eso funcionó bien.

¿Cuáles fueron las principales diferencias entre ser un trabajador en L'Abri y ser pastor en una iglesia?

Trabajar en L'Abri es como trabajar en cuidados intensivos en un hospital y ser pastor es como trabajar en una consulta médica. Las dos cosas son buenas, pero fue difícil adaptarse. En cierta manera, yo soy un adicto al trabajo y por otra parte soy perezoso. Me siento feliz cuando estoy ocupado y haciendo varias cosas a la vez.

El ser pastor requiere que tomes un paso atrás, estés menos ocupado y veas las cosas a largo plazo. Cuando trabajaba en L'Abri con estudiantes, el tiempo que tenía para trabajar con ellos era intenso. En el pastorado no es así- tienes más tiempo y tienes que trabajar más despacio. Eso me daba la sensación de que era vago y que no estaba haciendo nada y eso me costó bastante.

¿Cuántos miembros tenía la iglesia?
Entre ciento veinte y ciento cincuenta. Era una iglesia internacional de habla inglesa, con gente de todas partes del mundo.

¿Qué aprendiste como pastor de una iglesia?
Tuve que aprender a delegar y a confiar.

¿Cómo hiciste eso?
Cuando llegué por primera vez a esta iglesia, había ancianos, pero no había diáconos. Eso no me parecía muy bíblico. Durante la reunión de ancianos, nos pasábamos casi una hora hablando sobre dinero y cosas prácticas y pensé: 'Esto no es asunto de ancianos'. Así que empecé un proceso por el cual hicimos una constitución nueva en la iglesia que requería y describía diáconos y sus responsabilidades. Los ancianos eran un cuerpo mayormente perpetuo. Las propuestas de ancianos procedían de los ancianos mismos y se debían ratificar por la congregación, pero las propuestas de diáconos eran hechas por la congregación. Era como el Senado y la cámara de Representantes. Los ancianos eran responsables de la enseñanza, la vida de oración y el discipulado y los diáconos se encargaban de las finanzas, las actividades sociales y prácticas de la iglesia.

Los ancianos no tenían acceso ni responsabilidad por el dinero y era inapropiado hablar de dinero en nuestras reuniones. En vez de eso, pasábamos el tiempo orando, lo cual fue muy beneficioso. Los diáconos se sentían honrados por la confianza depositada en ellos y, por fin, tuvimos un buen sistema de control y saldos. Si los diáconos, que tenían el dinero, querían hacer un proyecto evangelístico, necesitaban la autorización de los ancianos para que fuera bíblicamente sólido, si no era así, no se podía hacer, aunque tuvieran el dinero. Si los ancianos tenían una idea magnífica para una conferencia, tenían que tener la aprobación de los diáconos. Este era un sistema saludable. También lo era para mí porque de esa manera yo no era tan controlador. Yo soy por naturaleza controlador, por eso ese sistema me ayudó.

Tanto los diáconos como los ancianos eran responsables de la vida espiritual de la iglesia. La gente de la iglesia tenía la tendencia a decir que los ancianos se ocupaban de la vida espiritual y que los diáconos eran responsables de las cosas prácticas. Yo prohibí tajantemente que nadie dijera eso. Con el tiempo dejaron de decirlo, porque se les recordaba a menudo. No sé en realidad cuántos de ellos llegaron a entender el principio básico de que lo práctico es espiritual.

Al igual que los Schaeffer, que son americanos como tú, acabaste viviendo en Suiza, a pesar de que podrías vivir en cualquier parte del mundo. ¿Cómo fue que decidiste quedarte en Suiza?

No sé exactamente por qué los Schaeffer vinieron específicamente a Suiza, pero ellos llegaron a Europa tras la segunda guerra mundial, enviados por la sociedad misionera presbiteriana, con la misión de investigar las condiciones en las que se encontraban los niños y los huérfanos.

Vinieron a Suiza porque era un lugar estratégico, central y neutral desde donde podían realizar su estudio. Cuando fundaron L'Abri lo hicieron porque no creían que Dios les llamaba a otro lugar a hacerlo. Se sintieron llamados a quedarse en casa, a orar, a vivir por fe y a recibir a aquellas personas que Dios les enviase. Dios proveyó un chalet y los permisos necesarios para poder vivir en Suiza.

Yo me convertí al cristianismo en L'Abri, en Suiza y por lo tanto llegué a valorarlo enormemente y a sentirme muy agradecido de haber estado allí. Me gustaba el trabajo y el estilo de vida de L'Abri porque mis tendencias son monásticas y L'Abri es parecido a un monasterio. Me quedé en Suiza porque estaba viviendo en L'Abri. Dios proveyó un permiso para que yo pudiera quedarme a vivir en Suiza, sin el cual no hubiera podido residir permanentemente. Ahora recibo una pensión de jubilación de la seguridad social suiza y es probable que muera aquí. Mi nacionalidad es americana, pero he vivido en Suiza desde 1975. Cuando visito América me pregunto si podría vivir allí. La respuesta es siempre sí. Es mi casa. Todas mis memorias de la infancia están allí. Podría vivir en América, pero no lo hago porque mi trabajo está aquí en Suiza. Es mucho más conveniente viajar a otras partes de Europa desde aquí que desde América. Hasta ahora, Dios no me ha mostrado otra dirección específica para ir a otro lugar. Dios me ha dado un piso en un precioso edificio antiguo con buenos vecinos y eso fue un milagro.

¿Cómo ocurrió eso?

Mary y yo vivíamos en Basilea, en la casa de unos amigos. Con ellos hice varios viajes misioneros a Hungría, en el año 1979 o 1980. La casa era de cuatro pisos y la iglesia donde yo pastoreaba me alquilaba uno de esos pisos por un precio muy barato. Vivimos allí durante siete años, pero tuvimos que buscar otro sitio porque la familia estaba creciendo y necesitaban el espacio. Así que un día abrí un mapa grande de Basilea y vi que en una esquina había un gran espacio verde con tan sólo un edificio grande. Estaba situado en un pueblo llamado Riehen. Puse mi dedo sobre ese lugar sin saber lo que era, quizás una granja, una fábrica o un hangar de aviones. Entonces hice una oración: 'Dios, me gustaría vivir en ese edificio. Amén.' Al siguiente día, me metí en mi coche y fui a verlo. Se trataba de un edificio genossenschaft y pensé: '¡Qué maravilla!' Este genosenscahften fue uno de varios que consideré en la zona de Basilea.

¿Qué es un genossenschaft?

Es un grupo de residentes que tienen como propiedad el mismo edificio en el que viven. Yo soy miembro de este genossenschaft, el cual me permite vivir en uno de los pisos y pagar el alquiler. He dado una fianza bastante alta por el piso, la cual se me devuelve si me mudo.

¿Llegarás a ser propietario del piso algún día?

Nadie es propietario de ningún piso. Es siempre propiedad de esta comunidad o genossenschaft. Me hice una lista con veintitrés genossenschafts y éste era uno de ellos. A todos les envié una carta en inglés, diciendo: 'Querido presidente del genossenschaft, tengo tal edad, una esposa, sin hijos y necesitamos un piso de tres habitaciones. ¿Tiene algún piso libre?'.

La mitad de ellos me contestaron y la mayoría de las respuestas eran: 'Le pondremos en la lista de espera'. Sin embargo, el presidente de este genossenschaft me telefoneó y me dijo: 'Usted me escribió sobre un piso y el mes que viene habrá uno disponible porque unos inquilinos se marchan'. Vine aquí un sábado a echar un vistazo y me pareció bien. Eso fue hace quince años. Me tuve que entrevistar con el comité ejecutivo. Cuando supieron que me quería jubilar aquí, se relajaron. Dijeron: '¿En que trabaja usted?'. Como yo ya no era pastor de la iglesia en Basilea, les contesté: 'Soy misionero. Viajo, enseño, a veces me pagan por enseñar, a veces no. Pero hay gente que cree en mi trabajo y en lo que hago y me envían dinero para apoyar mi labor'. Ellos dijeron: 'Eso está bien'. Ese fue el gran milagro, porque esa no fue una reacción suiza. Aceptaron mi forma de vida como algo normal. No podía darles el nombre de mi jefe ni mi salario. Eso fue algo realmente milagroso. Yo estaba convencido de que Dios me había puesto en ese lugar y que Él se encargaría de pagarlo- esto es una mentalidad propia de L'Abri. Así que nos trasladamos a este piso y Dios ha provisto el dinero para pagarlo por quince años, hasta ahora. Es por eso por lo que creo que Dios me dio este piso, me puso en este lugar y me ha establecido aquí.

Cuando murió mi esposa hace tres años, los miembros de la iglesia que pastoreo en Lausana me dijeron: '¿Quieres mudarte a Lausana para estar más cerca de la iglesia y trabajar más para ella?' Eso es algo que me gustaría. Me encanta Lausana- es mi ciudad favorita- y hablo francés mejor que alemán. Pero creo que Dios tiene que darme una señal muy clara para dejar este piso, porque me lo dio tan claramente. Sin embargo, por ahora no he sentido la inclinación a mudarme a otro lugar. Aunque es un trastorno tener que viajar a Lausana, lo hago porque este es el lugar que Dios me ha dado.

El pastorado es un trabajo que puede ser muy estresante. ¿Has tenido problemas psicológicos alguna vez?

Hace dieciséis años me tuvieron que ingresar en un hospital por cinco semanas debido a una depresión fuerte. Estuve en un hospital psiquiátrico cristiano. El psiquiatra que me estaba tratando recomendó que ingresara en este hospital después de haber estado trabajando conmigo durante un año, porque me había puesto peor. El era un psiquiatra judeocristiano de la rama de Jung- una combinación muy interesante. Me hizo escribir un diario sobre mis sueños y luego los analizaba. Yo no creía en eso, pensaba que era vudú, pero era muy efectivo. Cuando le conté mis sueños a un joven psiquiatra en el hospital, me dijo: 'No sigo la rama de Jung, ni soy experto en sueños, pero de una cosa estoy seguro- tu mente subconsciente está trabajando duro para restituir tu salud'. Yo pensé: 'Puedo creer eso. Me anima el saber que no voy en contra de mí mismo. Estoy muy, muy enfermo, pero no en contra de mí mismo'.

¿Cómo fue el ser tratado por un psiquiatra?

Yo le trataba a él como pastor, así que al final de cada sesión yo le decía: '¿Puedo orar por ti?'. Él decía que sí y yo oraba por él. A pesar de estar enfermo, yo aún era pastor. Una vez le dije: 'Hemos hablado sobre varios temas y me ha sido de ayuda, pero no te he contado un sueño que se repite desde que tengo ocho años. En los últimos cuarenta y cinco años, lo he tenido una o dos veces al mes'. Él dijo: '¿Te gustaría contármelo?'. Así que se lo conté, al igual que un par de variaciones del sueño. El me dijo: 'Tienes ese sueño debido a cierta parte de tu historia y lo estás procesando de

esta manera, pero está sin resolverse. No has llegado a una conclusión acerca de ese aspecto de tu vida y el sueño está haciendo el trabajo'. Me habló sobre este sueño por cinco minutos y ¡desde entonces no lo he vuelto a tener! Fue algo espeluznante. ¡En cinco minutos me curó de este sueño que me atormentó por cuarenta y cinco años! Yo pensé que era un psiquiatra muy bueno.

Mi vida como misionero

¿Por qué decidiste dejar el pastorado de la iglesia en Basilea en el año 2001 y cómo te convertiste en misionero de la Renovación de la Europa del Este (Eastern European Renewal)?

Mi esposa y yo fundamos Renovación de la Europa del Este cuando aún estábamos en L'Abri, por lo que ya existía desde hacía bastante tiempo. En cuanto a la iglesia de Basilea, había varios problemas. Había mucha tensión y al final fue mejor que yo hiciera otra cosa. La Renovación de Europa del Este era una obra que siempre estaba ahí y era algo que yo continuaba haciendo, así que lo que hice fue intensificar mi trabajo en ello. Yo había hecho obra con Juventud para Cristo, Campus Crusade (Ágape) e Intervarsity Christian Fellowship, de manera que me dediqué más a estas cosas. Estaba más disponible para aceptar invitaciones de otros sitios para enseñar. En unos países europeos me pagaban un honorario por dar clases; en otros no. Estuve oficialmente sin empleo durante dos años. Luego, cuando se terminaron las ayudas de desempleo, empezó a llegar el suficiente trabajo, de manera que todo fue bien.

¿Cuál es la Declaración misionera de Renovación de la Europa del Este?
No tiene una en particular.

¿Mantiene el mismo enfoque desde su fundación?
Sí. El fin del imperio comunista significó un gran cambio en Europa del Este y esto transformó mi trabajo de ser subversivo y clandestino, aunque no cambió el contenido de la enseñanza. Lo que sí cambió de alguna manera fue la capacidad de las personas de recibir el contenido. La audiencia cristiana bajo el comunismo

se encontraba atrincherada y en continua vigilancia para protegerse. La posibilidad de considerar diferentes ideas libremente y de discutirlas estaba muy limitada por miedo y por la opresión a la que estaban acostumbrados, pero todo eso ahora ha cambiado.

¿Cuáles son las ventajas de ser un misionero independiente versus un misionero apoyado por una agencia misionera?
Puedo tomar mis propias decisiones y puedo seguir la guía de Dios como un individuo.

¿No tendrías esa libertad si trabajaras para una agencia?
Pienso que no. Tendría que ajustarme a los parámetros de la organización; tendría que rendir muchas más cuentas. El programa de actividades se debería planear con antelación y tendría que esperar su aprobación. Al ser completamente independiente soy más flexible. Y no tengo que seguir ningún lema en particular.

¿Te refieres a una denominación?
Una denominación o los procedimientos básicos de una organización misionera. No tengo que seguir un procedimiento básico. Puedo improvisar y ser flexible al ir de un sitio a otro.

¿Qué tal fue la experiencia de visitar países comunistas en los años 80?
Tuve muchas experiencias interesantes. Mi esposa y yo viajamos mayormente a Polonia. Llevamos cosas que el gobierno comunista no aceptaba, como cortometrajes de películas de Schaeffer, libros y copias de videos de '¿Cómo pues viviremos?' que habían sido traducidas al polaco. Nuestro médico de cabecera era católico. No era polaco, era alemán, pero Polonia es un país muy católico.

Nuestro doctor tenía mucha compasión con la situación polaca. El sabía que íbamos a menudo a Polonia, así que consiguió recoger muestras de medicinas útiles de diferentes compañías farmacéuticas que no estaban disponibles en Polonia en aquel entonces, como antibióticos, supositorios de aspirina para los niños (algo desconocido allí) y otras cosas caras de mucho valor. Yo preparaba una bolsa de papel para llevar en el avión. En el fondo de la bolsa yo colocaba las cosas ilegales para pasarlas de contrabando. En la parte de arriba ponía los antibióticos y la medicación infantil. Cuando llegábamos a la frontera, los oficiales, que tenían niños, veían estas cosas y nos dejaban pasar. Nunca tuvimos problemas, porque traíamos objetos muy valiosos, los cuales luego eran distribuidos por pastores y organizaciones religiosas a gente que lo necesitaba desesperadamente. Se nos dice que seamos 'sencillos como palomas y astutos como serpientes', lo cual describe nuestro método muy acertadamente.

Me seguían por todas partes. Daban cuentas de lo que hacía y con quién me encontraba. Recuerdo una vez que fui a una reunión en una iglesia en Varsovia. Llegó la hora de empezar la reunión, y el pastor vino y me dijo: 'No podemos empezar la reunión porque el espía de la policía no está aquí todavía. Tenemos que esperar hasta que llegue porque si no habrá un informe diciendo que no pasó nada malo. Si no hay informe harán una investigación, por eso tenemos que esperar a que llegue el espía. Todos sabemos quién es.' Para un americano como yo, esto era una manera de vivir completamente nueva. ¡Pensar que tienes que esperar a que llegue el espía! Fue una experiencia muy educativa el estar en una cultura diferente en la cual tienes que trabajar con un gobierno opresor. Recuerdo cuando el General Jaruzelski declaró la ley marcial, lo que, en mi opinión, salvó a Polonia de la invasión soviética y de la total destrucción. Bajo la ley marcial, las noticias eran leídas por un sargento militar en uniforme por la tele. Más que noticias, era propaganda política.

Una noche, cuando yo iba con alguien hacia su casa, me dijeron: '¡Démonos prisa, porque a las 7.30 empiezan las noticias!'. Yo pregunté: '¿Quieres ver las noticias?' y me contestó: 'Sí, ¡es muy divertido!'. No llegamos a tiempo a casa, pero según íbamos caminando por la calle, la gente tenía las ventanas de sus casas abiertas y a las 7.30 empezamos a oír a la gente reírse. La gente tenía pegatinas en sus coches que decían: 'La tele miente'.

Tuve el privilegio de trabajar en Polonia con Marek Kotanski, fundador de MONAR, una organización que ayudaba a jóvenes drogadictos. Seguía el modelo de Teen Challenge (Desafío Adolescente), que es un trabajo pentecostal en América y que tiene la tasa de recuperación más alta de drogadicción en este tipo de trabajo. Marek Kotanski no era cristiano, pero se dio cuenta del enorme éxito de este trabajo cristiano y copió su metodología. Conocí a Marek en Varsovia en las oficinas de la Iglesia de Cristo con el pastor local. En una sala y alrededor de una mesa, empezamos a hablar de posibles cosas que podíamos hacer juntos. Cuando habíamos empezado la discusión me empecé a encontrar muy mal. Me dolía todo el cuerpo, tenía náuseas y me sentía fatal. Me levanté, di unas vueltas por la habitación y me estiré en el suelo. Las otras dos personas no se dieron cuenta; luego por fin me pude sentar en la silla. Continuamos hablando, hicimos planes, pero yo aún me sentía muy enfermo. Entonces la reunión terminó y Marek Kotanski se fue y, de repente, me sentí bien. Yo pensé: 'Este trabajo es importante y tengo que trabajar con este hombre, pero siento una oposición muy real'. Fue una experiencia extraña porque ellos nunca hablaron de mi extraño comportamiento.

¿Te volvió a ocurrir lo mismo cuando le viste otra vez?

No, después de eso estuve bien. Luego fui al centro de rehabilitación en Cracovia con mi traductor polaco, que es una mujer muy bella. Acabábamos de predicar en una iglesia un domingo y luego había una reunión por la tarde en el centro de rehabilitación. Yo llevaba un traje de tres piezas y un reloj de bolsillo de oro y ella llevaba un vestido muy bonito y un peinado muy elegante. La gente del centro iba un tanto desaliñada, tenían tatuajes, piercings y estaban sentados en colchones sucios en el suelo junto con sus perros. Eran drogadictos. Había como cuarenta personas, unos en recuperación, otros no. Yo tenía que hablar a esta gente. No era una situación fácil, así que nos pusimos a orar, mi traductora Eva, el pastor bautista y el conductor, durante la reunión. Lo necesitamos. Miré a la gente a mi alrededor y dije: 'Lo siento que no llevo el uniforme'. Lo tradujeron, pero ellos no lo entendieron. Entonces dije: 'Bien, todos estáis vestidos igual y sois muy similares; tenéis una cultura y una sociedad y yo soy un forastero que no encajo porque soy rebelde'.

Todos se consideraban a sí mismos como rebeldes en contra de la cultura polaca, en contra de la iglesia, del comunismo, en contra de todo y me miraron como si pensaran: '¿Rebelde?'. Les dije: 'Sí, vine de América. En algunos sitios encajo, en otros no. Pertenecer a una comunidad es algo importante. Vosotros os pertenecéis mutuamente de varias formas, pero yo no pertenezco en vuestro grupo. Es un tanto incómodo, pero me alegro de estar con vosotros y espero que de alguna manera me aceptéis. No soy un conformista y no me voy a cambiar de ropa tan sólo para hacer contacto con vosotros'. Se miraron unos a otros y empezaron a escuchar con atención. Les dije: 'En América, si alguien tiene adicción a la heroína, decimos que lleva un mono en sus espaldas. ¿Qué decís vosotros?'. Los drogadictos en Polonia tienen un lenguaje secreto, una especie de dialecto, que usan para comunicarse y nadie entiende lo que están diciendo. Se miraron unos a otros y dijeron: '¿Se lo decimos?'. Así que decidieron decírmelo y dijeron una palabra en polaco. Miré a la traductora y ella se puso a llorar. Entonces ella me dijo: 'Significa vergüenza'. Esa es la palabra que usan para referirse a la adicción a la heroína. Muy triste. Mi traductora lloraba porque ella es polaca y ellos eran sus vecinos y estaban en esa triste situación. Yo dije: 'Me gustaría hablaros de un hombre que era un rebelde radical y que, por su actitud y su conducta rebelde fue asesinado'. Me miraron y tras una larga pausa les dije: 'Se llama Jesús'. Entonces pude predicar y me escucharon. Fue una buena reunión.

Marek Kotanski, que era un psicólogo profesional, empezó una campaña electoral para poner límite al cultivo legal de amapolas en tres provincias de Polonia. En aquel tiempo, las amapolas se cultivaban por todas partes. Cada hogar en Polonia tenía semillas de amapola en el jardín o en la cocina. Esas amapolas pueden ser usadas para hacer heroína. Eran robadas de jardines privados por la noche para luego hacer una droga llamada Kompot. No había una receta ni un proceso de calidad para producir la heroína; cada grupo lo hacía de una manera diferente. Era impuro y peligroso y a veces venenoso.

Por eso, como decía, Marek Kotanski quería que el parlamento aprobara una ley para que se cultivara la semilla de amapola, pero sólo en tres provincias. El gobierno comunista respondió de esta manera: 'No hay drogadicción en Polonia. No hay homosexualidad en Polonia. No hay alcoholismo en Polonia. Vivimos en el paraíso del trabajador y simplemente no tenemos esos problemas'. Así que Marek hizo unos posters grandes con letras rojas que decían: 'No hay drogadicción en Polonia'. Y debajo decía: 'Firmado:.....' y el resto estaba en blanco. Estos posters se pusieron en todas partes por las ciudades durante meses y nadie los firmó. Ningún oficial del gobierno se atrevió a firmar. Estuvieron colgados, semana tras semana, en blanco, hasta que claramente nadie iba a estar de acuerdo con esa declaración. Finalmente, el gobierno aprobó la ley que limitaba el cultivo de la semilla de amapola.

Marek me llevó en su coche a distintos centros de rehabilitación, donde la gente estaba en una especie de campo de entrenamiento. Les habían quitado todo. No podían elegir su música; se tenían que ganar el derecho a elegir su música. No podían fumar cigarrillos. Si fumaban tan sólo un cigarro, los echaban fuera y si los echaban, a veces morían. Les rapaban la cabeza. Tenían que ganarse el derecho a crecer el pelo. Eran reducidos a nada y tenían que construir su vida de una nueva forma. Así es como se ha hecho en América con el Desafío Adolescente. Funciona. La gente se recupera de la drogadicción y muchos no reinciden. Es un buen programa. En América, al contrario que en Polonia, la rehabilitación incluía mucha oración, y oración para sanidad.

Así que Marek me llevó a estos centros, organizó reuniones, me presentó y alguien me traducía. Yo hablaba de la salvación, la sanidad, la identidad y quiénes somos como humanos. Entonces se les permitía hacer preguntas. Algunos estaban enfadados, otros confusos, por lo que había discusiones fuertes. Recuerdo una chica joven sentada en el suelo que levantó la mano. Ella dijo: 'Tú hablas de Dios. Pero mi dios es Marek Kotanski'. La gente asintió y Marek estaba sentado junto a mí. Yo pensé: 'Esta es una situación extrema y para ellos el único salvador es Marek Kotanski. No hay otro dios para ellos'. El no era cristiano y esa fue para mí una tremenda experiencia de humildad. Me sentí fuera de mi elemento, incómodo.

¿Cuál es tu charla más memorable de esa época?

Recuerdo cuando presenté mi libro '3 Teorías de Todo', que compara distintas perspectivas del mundo. Esto fue en Wroclaw, en 1987 o 1988. La Iglesia Bautista consiguió un permiso para organizar una charla en el palacio de cultura popular. Les dejaron anunciar esta reunión en el periódico comunista. Esa fue la primera vez que una organización cristiana pudo hacer eso. Estaban entusiasmados y anunciaron que un 'filósofo suizo' iba a dar la conferencia. Cuando nos dirigíamos al palacio de cultura en el coche del pastor pentecostal, tuvimos una avería, lo cual nos retrasó una hora. Llegamos con las manos grasientas después de haber estado arreglando el coche. Para sorpresa nuestra, había cientos de personas congregadas en el palacio de cultura. Habían colocado altavoces fuera del edificio. Intentamos entrar, pero no pudimos debido a la gran multitud.

Yo dije: '¿Qué está pasando? ¿Qué acto están haciendo aquí?'. Alguien me dijo que el acto era YO. Recuerdo que pensé, 'Oh, no.

¡Socorro!'. Nos llevaron por una puerta lateral por donde entramos. Había un grupo de música cristiano, tocando para asegurarse de que la gente no se fuera. El pastor bautista estaba pálido porque no habíamos llegado. Era un teatro grande, con un balcón, focos, luces, un escenario y un saliente delantero y estaba lleno de gente. Entre la audiencia se encontraba el grupo de brujas del club de parapsicología de Wroclaw y las sociedades paranormales y transcendentales- al igual que todos los cristianos. Todo el mundo estaba allí: los intelectuales, los artistas, las brujas con sus gorros puntiagudos. Era uno de los grupos más interesantes que jamás he visto. El grupo de música se fue y yo me puse al frente, junto con mi conductor y traductor. Debido a las fuertes luces que me enfocaban, lo único que podía ver era el reflejo de las gafas de la gente que estaba al frente. EL resto estaba oscuro. Me asomé un poco hacia el frente y dije: '¿Hay alguien ahí?'. Se tradujo esto y el público empezó a aplaudir. Se pensaron que era una frase filosófica. Si hubiera dicho 'Pescado a la venta' habrían hecho lo mismo. Es posible que pensaran que acababan de oír la primera pregunta genuina en cuarenta años. Me hizo sentir mejor. Pensé: 'Están de mi lado, estamos juntos y juntos vamos a hacer algo'. Se había anunciado que yo hablaría sobre filosofía comparativa. Estábamos cansados y estresados, así que dije: 'Sabéis, la filosofía comparativa es tan fácil como el un, dos, tres'. Di la conferencia de una manera muy simple y entonces hubo un tiempo de preguntas y respuestas. Cuando salimos del escenario y entramos en la sala verde, dije: '¡Rápido, dadme un papel!'- y escribí unas notas de la charla que acababa de dar.

En eso consiste el libro '3 Teorías de Todo'. A lo largo de los veinticinco años seguidos lo he ido desarrollando y he dado esa charla cientos de veces, pero es así cómo empezó. Me da la sensación de que me fue dado ese libro en un momento estresante cuando me encontraba fuera de control y exhausto.

Enseñanza y conferencias

Ahora eres pastor de una iglesia en Lausana. ¿Cómo ocurrió esto?

Yo conocía esta iglesia cuando trabajaba en L'Abri y tenía amigos allí. Había predicado varias veces, tanto en la iglesia como en retiros. Han tenido varios pastores en los últimos cuarenta años. Cuando el último pastor se fue, empezaron a buscar otro pastor lentamente y yo lo sabía. Yo sabía que no podía trabajar el cincuenta por ciento del tiempo (que es lo que ellos acostumbran), debido a mis otros trabajos. Les ofrecí trabajar dos fines de semana al mes, lo que en términos suizos se considera veinte por ciento. Me podía comprometer a eso y organizar mis viajes a la vez, si eso les era de ayuda. Se lo pensaron y oraron por ello y me dijeron: 'Nos gustaría probarlo'. Así que lo probamos por seis meses y a todo el mundo le gustó. De momento llevo allí nueve años. El resto del tiempo lo empleo viajando para dar charlas y predicando.

¿Cuál es el ADN del ministerio de Ellis Potter?

El centro de mi tarea, según lo veo yo, es ayudar a la gente a pensar y animarles a amar.

¿Cuál es tu situación financiera ahora que estás jubilado, o semi-jubilado?

Tengo una pequeña pensión y dinero de la iglesia en Lausana donde aún trabajo el veinte por ciento. Eso es casi suficiente para pagar el alquiler, la seguridad social y la comida. No llega a cubrir los gastos, pero otro dinero viene de varias partes. Confío en Dios y Él hace que mi vida financiera funcione.

Otro dinero procede de la enseñanza y de los derechos de autor de mis libros. Hay gente que escucha mis charlas y sermones por internet y son bendecidos, creen en lo que hago y de vez en cuando me mandan dinero. No me permite ahorrar, pero tampoco tengo deudas y puedo pagar el alquiler cada mes. En cierta manera, es como el estilo de vida financiero de L'Abri.

En '3 Teorías de Todo' dices que 'la relación precede a la identidad'. ¿Cómo has visto esto realizado en tu vida?

Dios determinó el programa para la vida humana, el cual incluía el matrimonio y los hijos. No todo el mundo funciona dentro de este programa. En Mateo 19, Jesús menciona programas especiales para aquellos que están dañados o han sido llamados de una manera especial. Luego, después de eso dice: 'el que pueda aceptar esta enseñanza, que la reciba', lo cual yo entiendo como: 'Si te puedes casar y tener hijos, deberías hacerlo, pero es posible que no puedas hacerlo por varias razones'. Yo sé que hay gente que entiende este pasaje como una enseñanza sobre la prioridad de la soltería. No estoy de acuerdo con esa interpretación, aunque hay millones de cristianos que lo creen así.

Yo tengo una relación con Dios. No estoy solo, porque Jesús está conmigo. Hablo con El; El está conmigo, me mantiene, me sustenta y eso es bueno. También necesito relaciones humanas. Antes de casarme, tuve relaciones humanas y luego estuve casado por treinta y cinco años. Cuando mi esposa murió hace tres años, pensé que estaría bien viviendo solo porque anteriormente yo había sido un monje. Me gusta estar solo y no me casé hasta que tuve treinta años. Pero, al cabo de unos meses de la muerte de mi esposa, me di cuenta de que no era bueno que yo estuviera solo. No me iba bien vivir solo.

¿Cómo te llegaste a dar cuenta de eso?

Me deprimí un poco; me encontraba desenfocado y disperso y, en cierta manera, un tanto indisciplinado. Hice esfuerzos para reestablecer mi vida- redecoré el piso, me compré una mesa y una moqueta nueva y cambié algunas cosas, lo cual fue algo sabio y útil- pero no era suficiente. Cuando venía gente a visitarme y se quedaban en la habitación de invitados, me encontraba mejor. Me gusta recibir visitas y no descarto la posibilidad de que un ayudante viva conmigo. Espero que el Señor me guíe y provea.

SEGUNDA PARTE:
Reflexiones y nuevas percepciones

Los cuentos y el lenguaje

Los que te han oído enseñar o se han sentado contigo a la mesa pueden confirmar que eres un cuentacuentos increíble. ¿Cómo desarrollaste ese don?

A mi padre le gustaba contar historias y lo hacía muy bien. La mayoría de sus historias eran chistes y a mí me gusta contar chistes y los cuento con mucho drama. Recuerdo que cuando era niño yo contaba historias. Era lo que más le gustaba a mi padre de mí. Si estábamos visitando a alguien, decía: 'Ellis, cuenta esa historia de tu entrenador' o algo así. Estaba orgulloso de mi habilidad.

¿Tuviste que practicar mucho?

La mayoría de los dones requieren trabajo. Yo formulo textos en mi cabeza para sermones, conversaciones y cuentos. En ese sentido, yo practico, pero, por otro lado, las frases, elegir el momento apropiado, la secuencia y el drama son cosas que ocurren sin planear. A menudo puedo visualizar la historia en mi cabeza y puedo leerla como si estuviera delante de mí. De hecho, lo que hago es leer esa historia. Es como un rio que fluye y se lleva a la gente.

Mis amigos americanos misioneros dicen que siempre puedes sacar a un americano de América, pero nunca puedes sacar América de un americano. ¿Es esa tu experiencia?

No. La mayoría de los europeos no creen que soy americano hasta que se lo digo. Creen que soy inglés, porque cuando hablo francés o alemán, tengo acento inglés. Cuando ellos me hablan en inglés, piensan que yo soy inglés, porque el inglés es mi segundo idioma.

Es como un rio que fluye y se lleva a la gente.

Mi idioma nativo es americano. Todavía sé hablar americano con fluidez, pero con acento y cuando voy a América la gente me pregunta de dónde soy.

Aprendí inglés porque me he dado cuenta de que si enseño en inglés se me entiende mejor y es más fácil para los traductores. He visitado Inglaterra muchas veces y he aprendido la fraseología. Hace tres años triunfé cuando, estando en el sur de Inglaterra hablando con alguien del sur, después de diez minutos en que yo intenté hablar bien el inglés, me dijo: '¿Eres de Leeds?'. Recuerdo que pensé, *¡Bien! ¡El piensa que soy inglés! Sabe que no soy de esta zona, pero se piensa que mi acento es del norte.* Eso sólo pasó una vez, pero para mí fue una confirmación.

¿Hablas otros idiomas?

Hablo mal el francés, el alemán y el italiano y sé un poco de polaco y húngaro. También sé sonreír en coreano.

La oración, la meditación y las decisiones

¿Cuál es la diferencia entre la oración y la meditación?

La oración es una relación- es la parte oral de una relación- y forma parte de otras esferas de la relación, como el trabajo y la obediencia. La oración se integra y coordina con otros aspectos de la vida. La meditación es más bien algo en sí mismo. Es una actividad específica y directamente terapéutica. Es por esta razón por la que la meditación transcendental era tan popular. Es específicamente terapéutica. Reduce el estrés y te ayuda a concentrarte. Es más bien como un medicamento que sólo trata ciertos aspectos o síntomas de los fracasos de la persona. La oración está generalmente más integrada con otras partes de nuestra naturaleza caída, donde estamos rotos y confusos y necesitamos redención y sanidad. El efecto de la oración no es tan específico ni claro como el efecto de la meditación. La oración es mejor, porque está integrada en la totalidad de la vida. La oración mantiene relaciones. La meditación las elimina. La oración es más real que la meditación, porque las relaciones son fundamentales a la realidad en la que vivimos.

¿Animarías alguna vez a los cristianos a meditar?

Hay distintas formas de meditación. La meditación asiática o monística (en el Monismo) excluye el pensamiento, así que, para poder meditar tienes que dejar de pensar. La Biblia también menciona la meditación. Palabras como 'meditación', 'oración' y 'pensamiento' aparecen en la Biblia, pero no significan exactamente lo mismo.

La meditación Bíblica no es lineal ni pensamiento racional; es otra manera de conocer. Ni tampoco es verbal (como sí lo es la oración). No es pensamiento con un programa o un propósito racional. Para mí, la meditación bíblica – según he aprendido del Salmo 119- tiene que ver con Dios (por ejemplo, 'medito en tus estatutos', 'maravillas', 'leyes'). Podemos meditar sobre distintos aspectos de Dios, como si esos aspectos o conceptos estuviesen sobrevolando la red de nuestras mentes. Toda meditación empieza con palabras. La meditación monística se aleja de las palabras. La meditación bíblica retiene las palabras. Las palabras bíblicas estimulan nuestra conciencia no-verbal de un concepto (como el gran poder de Dios o cualquier otro aspecto de Dios sobre el cual estemos meditando). De esa manera damos un lugar pasivo al Espíritu Santo para que conecte esos conceptos a la red de nuestra mente. Cuando esa conexión tiene lugar, empezamos a pensar y a orar iluminados por el Espíritu Santo. Por eso yo entiendo que la meditación cristiana no puede separarse del pensamiento ni de la oración, sino que ayuda con el pensamiento y con la oración. Dentro de este 'método' general, todos encontramos nuestra propia forma de relacionarnos con Dios. Dios se relaciona con cada uno de nosotros de una forma única.

¿Puede haber fases en una oración en la que escuchamos?

La Biblia nos enseña a 'esperar' en el Señor y a estar quietos en su presencia. Esto significa que recibimos la iluminación y el compromiso de Dios. Hay cristianos que esperan 'oír la voz de Dios'.

Yo tengo la impresión de que la gente que oyó la voz de Dios en los textos bíblicos no esperaba oír su voz, sino que siempre se sorprendían de oírla. Por ello, yo creo que Dios habla a personas individuales y también creo que hay personas que a veces oyen su voz, pero no estoy tan seguro de que el esperar oír su voz tiene nada que ver con ello.

Debemos tener cuidado de no enseñar a la gente a 'oír' la voz de Dios, porque a veces las personas lo simulan, o mienten, o se lo inventan o se sienten culpables. Esto puede dar lugar a resultados negativos. A veces las personas se sienten inferiores, como los que nunca han hablado en lenguas en ciertas iglesias carismáticas. Algunos piensan que si no hablas en lenguas eres un cristiano de segunda categoría o si no oyes la voz de Dios, también eres un cristiano de segunda categoría. Conozco gente que ha fingido hablar en lenguas y también gente que ha simulado oír la voz de Dios. Debemos proteger a la gente de esta mentalidad.

Eso no significa que Dios no puede hablar con nosotros. El pasado mes de Mayo, cuando cumplí sesenta y siete años, empecé a considerar un estilo de vida diferente. Pensé que quizás debería pasar más tiempo en casa, escribir más, aconsejar a través de Skype, y concentrarme en otras partes de mi ministerio. No era algo definitivo, tan sólo un pensamiento impreciso. Unos días más tarde, mientras dormía por la noche, soñando sobre esto y aquello, de repente oí una voz aguda, tranquila, masculina y clara que dijo: 'Tienes una mente buena. Viaja por el mundo y ayuda a la gente a pensar'. Me desperté, me senté en la cama y dije: 'De acuerdo'. No supe que más decir. Estoy convencido de que era Dios el que habló conmigo y no era exactamente el mensaje que estaba esperando oír. Simplemente yo estaba buscando en otras direcciones y no estaba escuchando, pero lo oí. Sólo pasó una vez.

¿Cómo tomas decisiones importantes?

De distintas maneras. En el libro de los Hechos de los Apóstoles, cuando la gente tomaba decisiones, leemos que 'el Espíritu Santo nos lo dijo', o 'nos pareció bien', o 'decidimos'. Todos ellos nos sugieren diferentes formas de tomar decisiones. Creo que es importante que los cristianos se den cuenta de esto- no hay un método estándar para obtener el plan de Dios cuando tomamos decisiones.

Una decisión no va a ser tomada de la misma manera que otra. A veces tengo un sentimiento fuerte; otras veces no siento nada, pero aun así tengo que tomar una decisión. Encuentro una idea razonable y la traigo a Dios. Es casi como decir: 'Dios, he pensado largo y tendido sobre esto y voy a hacerlo y si no debo hacerlo, párame'.

Tú eres un intelectual, pero a la misma vez eres intuitivo y experimental. ¿Cómo reconcilias estos distintos aspectos de la vida?

Yo diría que los reconcilio con amor. Cuando predico, los sermones no carecen de inteligencia. Intento guiar a las personas a través de un proceso mental de entendimiento, pero el mensaje es siempre: Dios es amor y la realidad de la vida es el amor. Puedes entender muchas cosas sin amor, pero no trae vida.

La cultura

¿Qué has aprendido en tus viajes misioneros?

He aprendido a entender una variedad amplia de culturas diferentes, lo cual ha sido un duro y rápido proceso. Sin embargo, estoy agradecido y satisfecho con lo que he aprendido estando con distintos tipos de personas y entendiendo cómo aprenden. Si cometes un error sobre la forma de aprender de esa cultura, has fallado como profesor. No pueden aprender de ti y no consigues enseñar nada, lo cual es una experiencia horrible.

¿Puedes darme un ejemplo de cómo aprenden los húngaros?

Es una especie de mezcla. Les encanta charlar, oír historias divertidas, alegres, cosas con poco contenido pero que conectan a la gente. Si les das esto al principio, se relajan, se encuentran bien contigo y entonces se concentran en lo que tienes que decir. Esa es mi experiencia.

También has enseñado en partes de Asia. ¿Cómo aprenden los asiáticos?

En mi experiencia limitada, aprenden de memoria. No aprenden tanto pensando y analizando las cosas, sino de una manera organizada, tradicional y memorizando datos. Cuando llega el momento de preguntas y respuestas, al principio no pueden pensar en preguntas, porque nunca se les ha permitido preguntar. Cuando por fin son capaces de hacer una pregunta, algunas son preguntas profundas, mientras que otros sólo pueden hacer preguntas relacionadas con datos. Cuando tienen permiso de hacer preguntas profundas, algunos estudiantes asiáticos irrumpen con gran creatividad y entusiasmo.

Si vivieras en los Estados Unidos, ¿enseñarías los mismos temas de la misma forma que lo haces en Europa y en otras partes del mundo?

Yo enseño los mismos temas en todo el mundo, pero la forma en que lo hago varía de un sitio a otro. Si estoy en los Estados Unidos uso ilustraciones del béisbol o el fútbol, o de otros fenómenos típicamente americanos.

Sobre la fe, la salvación y la duda

En tu opinión, ¿qué necesita una persona para ser salva?

Pienso que el fundamento de la salvación no es ser bueno, sino saber que necesitamos a Dios. Creo que la gente hace muchas cosas buenas y no son salvos. Por eso, el hacer el bien no es un criterio para ser salvo, según mi opinión. Antes hablamos del sermón del monte y dijimos que la base de todo el manifiesto del reino de Dios es la pobreza de espíritu. Por ello, si una persona hace buenas obras pero no es pobre de espíritu y no sabe que tiene necesidad de Dios, no puede tener una relación salvadora con El.

¿Y si saben que necesitan a Dios pero no han oído el evangelio? ¿Qué pasa si creen en un ser superior?

Yo creo que Dios se encuentra con aquellas personas que le buscan de todo corazón. Creo que eso es una promesa. Si ellos saben que necesitan ser sanados, perdonados y justificados, y desean eso fervientemente, Dios cumplirá su deseo. Pero el fundamento de ese entendimiento debe ser el aceptar que no doy la talla, 'no estoy bien' y 'necesito estar bien' para poder 'ser parte de la realidad'. Ese es el requisito para la salvación.

Y si eso no pasa, ¿no hay esperanza para esa persona?

No veo ninguna indicación en la Escritura de que la haya.

En '3 Teorías de Todo' dices que la duda es importante en nuestro crecimiento como cristianos. ¿Hay algo en tu fe o en tu vida sobre lo que tengas dudas?

Tengo dudas sobre mí mismo, pero no creo tener dudas sobre Dios. No dudo que Dios es el dador de amor, salvación y sanidad, pero sí dudo de que yo reciba esas cosas. No dudo la verdad bíblica, pero sí dudo mi habilidad para leerlas y aplicarlas. Hay cristianos que sufren una forma de perfeccionismo por el cual creen que no deberían tener dudas y que todo debería estar perfectamente claro para ellos. La gente caída pero salva en un mundo caído no deberían esperar que las cosas sean perfectas. Si no tenemos dudas es difícil que cambiemos o crezcamos.

¿Cómo te ayudan las dudas en tu crecimiento?

Las dudas me ayudan a darme cuenta de que no lo sé todo y de que necesito aprender más. Las dudas me ayudan a no quedarme estancado en unas ideas rígidas. Las dudas me estimulan a hacer preguntas creativas. La verdad de Dios en la Escritura es sólida y fiable, pero también es una verdad viva, no una fórmula matemática. Una pregunta que he estado estudiando recientemente es si la eternidad es creada o no. Sé que el tiempo es creado. Me inclino a pensar que no- que la eternidad no ha sido creada- pero no lo tengo totalmente claro.

Hay algo que me llamó la atención en '3 Teorías de Todo'. Sugeriste que si se encontraran los huesos de Jesús, reconsiderarías tu fe cristiana. ¿Es tu identidad como persona intelectual más importante que tu identidad como cristiano?

No. Son la misma cosa. Están integrados con otros factores de mi vida. Yo no diría que mi vida emocional, que es muy activa en mi caso, está por delante de mi vida cristiana o mi identidad. Sin embargo, si quitas toda la evidencia histórica, la consistencia interna de las Escrituras y los testigos de la resurrección de Cristo- el hecho de que sus huesos no estaban allí- te quedas sin una identidad cristiana.

Tendrías una identidad fanática. Tendrías fe en la fe y no fe en la verdad. Eso sería un desastre.

Así que no puedes imaginar que alguien tenga fe en Dios basado en una relación con Dios en vez de hechos históricos.

No entiendo cómo alguien querría separar la relación de los hechos. Van juntos. Están integrados. Son complementarios. Tienes una relación con tu mujer, pero no eliges entre la relación y los hechos. Necesitas tenerlos todos juntos para poder tener una relación que es completamente humana y real. No sólo tienes sentimientos por tu mujer sin tener hechos. Eso no es real. Eso no es la vida. No puedes construir sobre eso ni puedes vivir con eso. Deben ir juntos. Yo diría lo mismo acerca de la relación con Jesucristo. Pienso que es posible que una persona analfabeta o aislada, con muy poca información sobre Jesucristo, tenga una relación con Él. Hay ciertos peligros en eso. Yo creo que Dios quiere que tengamos información y es por eso por lo que tenemos la Biblia. No deberíamos poner la Biblia a un lado y decir: 'Lo primero es tener una relación con Jesucristo', y luego decorarla y justificarla con la Biblia. Creo que esa es una manera muy peligrosa de proceder.

Para ti, si se encontraran los huesos de Jesús, ¿significaría que la Biblia no es verdad?

Sí. Si se prueba que la Biblia es falsa, nos quedamos sin fundamento. No significa que no haya tenido sentimientos por un Jesús que creí había resucitado y estaba vivo. Sí tuve esos sentimientos, tuve esas experiencias, pero debería empezar a pensar que fueron causados por una histeria psicológica o algo así- si no hubiera evidencia para ello. Si tan sólo tengo la evidencia, la Biblia, o si tan sólo tengo lógica, sin sentimientos o gratitud, o tristeza por mis pecados, o un deseo de obedecer y estar cerca de Dios y ser más como Jesús, entonces mi vida es muy pobre, y es posible que ni yo mismo esté vivo. Si tengo esas cosas, pero no tengo evidencia, es posible que esté teniendo fe en la fe.

Si te soy sincero, creo que mucha gente tiene fe en su fe. Recuerdo una vez que fui parte de una discusión en un colegio internado en Chesieres, cerca de L'Abri en Suiza. El capellán de este colegio era cristiano. El organizó un debate durante la semana de los padres, cuando habían venido todos los padres ricos e influyentes del mundo. El panel consistía en un rabino judío, un imán de Génova y un pastor presbiteriano. Aunque yo era cristiano en aquel entonces, acepté la invitación como representante del budismo Zen, con la condición de que al final del debate podía decir que ya no era budista Zen. El tema del debate era: '¿Cómo sabes que Dios existe?'. Primero habló el imán, largo y tendido y su discurso estaba lleno de frases religiosas emotivas, pero, en esencia, lo que dijo fue: 'Yo sé que Dios existe y si tú no estás de acuerdo, vas a morir'. Luego le tocó al rabino hablar y dijo: 'Yo sé que Dios existe, porque creo en El con tanta fuerza que debe existir'. Eso es humanismo total. Sé porque creo. Sin evidencia, sin Escritura, sin Tora, sin historia- sólo 'mi fe me enseña que Dios existe'. Un nazi puede tener la misma experiencia, al igual que un comunista, un budista o un hindú. Su fe les enseña que estas cosas son verdad. El cristianismo no es así.

Luego, según concurría el debate, el pastor presbiteriano habló. No tuvo bastante tiempo para dar su opinión, pero habló de un círculo de evidencia (la circunferencia de la realidad): la autoridad de las Escrituras, la forma del universo, la naturaleza personal del cosmos y otras buenas razones por las que sabía que Dios existe. Al final, también incluyó su propia experiencia personal de Dios.

Entonces me tocó hablar a mí como budista Zen y dije: 'No sé si existe Dios y tampoco sé nada más'. Y ahí lo dejé y el aplauso creció como un tsunami. Por desgracia, parece que yo gané el debate. Después dije: 'Ya no soy budista; ahora soy cristiano'. Hubo gente que se quejó diciendo que no era justo porque yo había hablado como si fuera budista cuando en realidad no lo era. ¿Qué era injusto? ¡Gané el debate!

El rabí, como ya he mencionado, básicamente dijo que Dios debe existir porque él cree con tanta fuerza. Sin revelación ni Escritura, o veracidad histórica, esto es un enfoque de la verdad humanista o sentimental. Hay cristianos que parecen tener el mismo enfoque. Me gustaría preguntarle a esa persona: '¿Quién es Jesucristo antes de que tú nacieras?'. Algunos no tienen nada que decir acerca de Jesús, sino de su experiencia de 'Jesús'. Sólo saben de sí mismos. Este es el peligro de dejar que nuestras emociones lo expliquen todo y no tener en cuenta la parte de evidencia de nuestra relación con Dios. Soy consciente que este sentimentalismo es atractivo y relajante. Es empírico, delicioso y energético. Parece auténtico y de hecho lo es, pero creo que la autenticidad es un factor negativo, porque la palabra autenticidad procede de 'auto', el ego y la única parte auténtica en la realidad es Dios. Yo no soy auténtico.

Puedo ser genuino, puedo ser honesto, pero no soy auténtico en el sentido de originar de mí mismo. No soy auto creado. En el mundo postmodernista, la auto creación o autenticidad tienen un valor muy alto y la gente se alaba por ello.

Yo pienso que las personas son alabadas porque parecen ser genuinas y coherentes y asocian eso con ser auténticas.

Sí. A menudo se confunde el ser auténtico con el ser sincero, pero ello no significa que sea sincero. Yo tengo gran respeto por el lenguaje y pienso que si torcemos el lenguaje de esta manera perdemos el poder que tiene el lenguaje para moldear nuestro pensamiento realísticamente y nos confundiremos. Aprenderemos a no confiar en el lenguaje y la evidencia, incluyendo el lenguaje de Dios. No tomaremos a Dios en serio en lo que dice en Su palabra; nos dará todo igual y al final ni siquiera nos tomaremos en serio a nosotros mismos tampoco. Luego, habrá una estabilidad menguante en nuestra identidad en Cristo y en nuestras relaciones con otros y con la creación.

La música y el arte

Veo que tienes muchos instrumentos musicales en tu salón. Hay un teclado, hay varias flautas en la pared y una zampoña.

Yo construí esa zampoña cuando estaba en L'Abri, pero ya casi no la toco. La tocaba cuando estaba en L'Abri. Tiene un sonido suave, folclórico, como los blues. Yo tenía un grupo de canciones fotocopiadas que podía repartir para cantar con la zampoña antes de comer. Yo toco instrumentos simples, folclóricos. No toco la guitarra, pero toqué el ukelele durante un tiempo, aunque no fue algo importante en mi vida. Hoy en día toco la flauta. Di un concierto recientemente en Viena y también toco en bodas.

Cuando era joven, toqué el clarinete desde que tenía ocho años, incluso cuando estaba en la universidad. Toqué el concierto para clarinete de Mozart con una orquesta, el quinteto para clarinete de Brahms y de Mozart. También fui el maestro de conciertos de la Banda de Honor de la universidad de los Estados Unidos. Volamos a Michigan para trabajar con William Revelli, para dar un concierto en el auditorio Hill de la universidad de Michigan. Tocar el clarinete era una parte importante de mi identidad. Nunca fui un clarinetista brillante, pero me encantaba tocarlo y lo hacía bien. No fui un gran artista, pero tocaba bien. Cuando tenía veintiún años me cambié a la flauta y la toco desde entonces. Recibo clases de un profesor en la academia de música de Basilea una vez al mes. Tengo que hacer deberes. Toco sonatas y él me corrige o me da sugerencias para la interpretación. Poco a poco voy mejorando y yo diría que ya soy un principiante adelantado.

Cuando eras joven trabajaste con hippies, pero nunca tomaste drogas psicodélicas. ¿Escuchaste música psicodélica?

Nunca toqué en un grupo de música y no categorizo el arte musical según las etiquetas comerciales, aunque me he dado cuenta de algo interesante. No sé si todavía se hace, pero en las tiendas de música había una sección de música New Age y otra de música cristiana y siempre las ponían juntas, porque los dueños de la tienda sabían que eran el mismo tipo de música. Soy consciente de que esa es una opinión atrevida. La música de New Age a veces se denomina música de meditación y ese género musical se hizo popular al mismo tiempo que la música cristiana contemporánea. Eran tipos de música similares. Estaban creadas sónicamente y en cuanto a las relaciones dentro de la música del ritmo, las armonías y la melodía eran minimalistas. El 'ritmo ritmo' era muy lento, lo cual significa que el espacio entre los cambios de ritmo es muy largo. Cuando haces música de esa manera, funciona en la conciencia de la misma manera que el fumar marihuana. Si fumas marihuana y luego miras una flor o un punto en la pared o la ropa de alguien, te encuentras totalmente absorbido en eso y tienes una sensación de entendimiento profundo y sabiduría y de conocimiento amplio, y esas son sensaciones reales. Pero el foco de las sensaciones es tan estrecho que te hace estúpido, porque estás enfocado en una parte muy pequeña de la realidad y no entiendes los detalles y las relaciones en un amplio sentido. La música de meditación te atonta de esa manera. Te hace estúpido y te dirige hacia la muerte, aunque te hace sentirte inteligente y vivo, porque estás tan intensamente concentrado en una parte muy pequeña de la realidad. La música cristiana puede dar el mismo resultado. Quizás no tanto en los últimos diez años, pero sí hace veinte o treinta años.

¡Esas son palabras muy duras!

Ya lo sé, pero me preocupa el tipo de música que los cristianos usan en sus iglesias o en sus casas, porque a veces es música para dormir. Puede que sea música fácil de escuchar, pero a la vez es música que te hace estúpido. No estimula, no agranda la vida, pero te hace sentirte bien y por eso le gusta a la gente y la compran. La industria musical averigua los gustos de las personas y lo que están dispuestos a pagar y con esa base producen la música.

Antes dijiste que los cristianos pueden meditar sobre ciertos aspectos de Dios. ¿Puede la música cristiana que entontece ayudar a enfocarnos en ciertos aspectos de Jesús de vez en cuando?

Supongo que es posible, pero es dudoso, particularmente porque gran parte de la música cristiana es narcisista en cuanto a lo que dice sobre Jesús- hasta tal punto que me gusta preguntarles a los estudiantes lo que mencioné anteriormente: '¿Puedes decirme quién es Jesús antes de que tú nacieras?'. A menudo la gente empieza a decir 'Jesús es el que me ama', 'Jesús es al que yo adoro', 'Jesús es el que alabo'. A lo cual yo replico: '¡No, no, háblame de Jesús sin mencionar las palabras yo, mi o mío!' A menudo no saben qué decir porque en realidad no saben nada sobre Jesús. Sólo saben sobre sí mismos y su conocimiento sobre Jesús es experiencial, sentimental y egoísta, lo cual no es saludable.

¿El arte es terapéutico? ¿Nos puede acercar a Dios el arte?

Yo doy clases sobre arte y trabajo con artistas. Mis ideas sobre lo que es el arte son muy raras y controvertidas. No sé si mi respuesta cabrá dentro de tus categorías. Creo que el arte es 'acción humana deliberada'.

La palabra 'arte' procede del vocablo latino 'brazo' o 'articular' (artis). Significa algo que está hecho por el brazo humano. Así, yo defino arte como un gran círculo, pero deja fuera todo lo que Dios hace. Lo que Dios hace en la creación es la naturaleza, y yo veo una división enorme entre la naturaleza, o lo natural y el arte o lo artístico. Por ello, según creo yo, el arte nunca puede ser por definición natural. Tiene que ser artístico, lo cual significa artificial. Lo que es natural es natural, y tiene su propia belleza, su propio valor. Damos gracias a Dios por ello y lo disfrutamos. Pero no es arte. Una puesta de sol no es arte, pero una foto de la puesta de sol sí lo es. Nos acercamos a Dios cuando hacemos arte porque Él nos manda que dominemos la creación. La creación es natural y Dios manda a los seres humanos que sean reyes o dioses menores sobre la creación y que continúen el proceso creativo de Dios creando relaciones. Dios dividió la tierra del mar, las plantas de los animales, los peces de los animales terrestres- siempre haciendo relaciones complementarias. Luego dio a los seres humanos el privilegio y la responsabilidad de continuar ese proceso de crear relaciones, al igual que la habilidad de imponer sus propias imaginaciones manipulando la naturaleza y su concepto de ella.

Una de las formas más importantes en las que se hace eso es en la agricultura. Por ejemplo, el trigo crece de forma natural a las orillas de los ríos, junto con otras plantas. Sin embargo, los seres humanos dicen: 'Trigo, vas a crecer en este campo solo.' Eso es algo no natural. El trigo nunca haría eso. El campo de trigo es arte. Es artificial, hecho por la mano del ser humano. Para poder tener una cultura o civilización, los seres humanos necesitan funcionar de manera artificial. No pueden funcionar tan sólo de forma natural, porque el ser humano es el mono desnudo. Somos vulnerables.

No tenemos garras, ni pelaje, ni escamas, ni dientes grandes, ni corremos deprisa, ni tenemos colas de las que colgarnos. No estamos equipados de forma natural. La única manera en la que podemos funcionar naturalmente es quizás en un bosque ecuatorial, donde hay comida disponible constantemente de los árboles, o en las raíces de los árboles o algo así. Podríamos dormir en los árboles y entonces así seríamos naturales. Pero no lo somos; somos espirituales y somos artísticos. Vivimos de manera artificial. Imponemos nuestros conceptos sobre la naturaleza para manipularla creativamente y para hacer nuevos tipos de relaciones.

Por ello plantamos el trigo en los campos y luego lo recogemos, lo almacenamos, lo mantenemos limpio y libre de ratas y hacemos cerveza con ello- algo que las ratas no comen. También hacemos pan con cerveza, el cual se conserva durante el invierno sin que se ponga mohoso o se lo coman las ratas. Somos muy, muy inteligentes. Dios nos hizo inteligentes y nos ha dado dominio, el cual es todo arte. Por ello, una pintura es arte, al igual que lo es el campo cultivado de trigo. La cocina también es arte. Una comida natural consiste en comer fruta directamente del árbol. Pero si traes la comida a un almacén y lo cocinas, eso no es algo natural, es arte. Por ello es imposible ser humano sin ser artístico. Una persona que dice: 'no soy artístico', en mi propia opinión no entiende lo que es el arte. Esa persona es artística y debería alegrarse de ello y ser responsable de ello. Puede que no sea pintor o bailarín o arquitecto o compositor, pero es fundamentalmente artístico en su ser y en su identidad como imagen de Dios. Somos artísticos y creativos y tenemos dominio sobre la realidad natural que hay a nuestro alrededor. Ese dominio se puede usar mal de forma destructiva, lo cual no agrada a Dios porque Dios es más verde que nadie.

Él quiere que usemos nuestra creatividad artística y manipuladora, no para destruir la naturaleza, sino para sostenerla.

¿No hay distintas categorías de arte? ¿No hay diferencia entre el arte de alimentar a la gente y el arte de pintar un cuadro, simplemente para expresar mi talento para hacer algo bello?

La necesidad fundamental de expresar un talento no es algo importante para mí. Pienso que está bien y que puede ser una bendición, pero yo lo veo como algo más similar a cultivar trigo en el campo. El trigo en el campo en una forma de arte. Hay belleza, simetría, forma. Se pueden cultivar campos muy bonitos, con gran orden, al igual que se pueden crear campos feos, sin orden, descuidados. No son la misma cosa. No sólo produce pan para comer, sino que también alimenta el sentido estético de forma, estación, ritmo, color y textura, los cuales son todos parte de la danza, la pintura y la música.

¿Se debe usar el arte en la alabanza?

La palabra 'alabanza' significa actitudes y actividades que proclaman y reconocen el valor de Dios. Somos criaturas que alaban. Pintar un cuadro puede ser alabanza, al igual que el hacer pan o cultivar un campo de trigo.

En uno de tus libros dices que antes de ir al cine debemos hacer una lista con la cual nos responsabilizamos en lo que vamos a ver. ¿Debemos ser igual de cautelosos cuando discernimos o vemos arte- tanto si es una pintura, un libro de Dostoyevsky o una película?

Pienso que la diversión es algo bueno y una parte terapéutica útil de la vida. La palabra 'entretener' procede del vocablo latín inter y tenere, que significa 'tener entre'.

Por ello, tenemos una parte de nuestra vida que es activa y responsable y otra parte de nuestra vida que es activa y responsable y en medio de las dos se sostiene el entretenimiento para estar suspendidos, de alguna manera, para no estar comprometidos o ser responsables. Un entretenimiento es el observar las ardillas jugando en los árboles. Nosotros no somos responsables de ellos. Las ardillas no dicen nada. No hay contenido, no hay ideas que procedan de ellas. Tan sólo es puro gozo ver la creación de Dios. El mirar una puesta de sol bonita es una forma de entretenimiento. Creo que no deberíamos usar el arte como forma de entretenimiento o diversión. Tanto si se trata de una pintura, una pieza de música, una película, un ensayo, una serie de dibujos animados en la tele o en el internet, lo que dice la gente debe ser interesante y estimulante. Debería provocar una respuesta y debería haber una responsabilidad en nuestro compromiso y nuestra relación con ello. Eso no es necesario cuando estamos entretenidos. Puedo ver el valor terapéutico del uso de la música para entretener, para suspender el pensamiento, para tan sólo escuchar y ser llevados a otro lugar, para imaginar nubes rosas en un cielo azul, y para relajar el estrés. Puedo ver el valor de eso al igual que veo el valor que tiene el tomar Valium o Prozac. No digo que tomar Valium o Prozac es malo. Creo que se puede hacer mal, pero fundamentalmente no es malo tomar eso como terapia. No creo que es malo usar la música como una droga, pero si la usamos principalmente como una droga nos degrada y nos deshumaniza.

¿Cómo deberíamos usar la música, entonces?

Deberíamos usarla como una relación y como una conversación. Deberíamos intentar escuchar lo que dice la música y responder a ello. Deberíamos comprometernos humanamente con la música.

No deberíamos tratarla como un producto. No deberíamos hacer del compositor o del autor una prostituta, consumiendo lo que producen y pagando con nuestro dinero, tiempo o atención. En vez de eso, deberíamos tomarlos en serio como a alguien que tiene algo que decir.

La felicidad y los frutos del Espíritu

Antes mencionaste que no fuiste particularmente feliz cuando eras un monje budista Zen. ¿Fuiste una persona más feliz siendo cristiano cuando trabajaste en L'Abri?

No estoy seguro, pero probablemente no. Depende de cómo se mida la felicidad.

¿Te sentiste más realizado?

Mi vida era más amplia, comprometida con una variedad mayor de cosas. Si eso significa estar realizado, entonces la respuesta es sí.

Si la felicidad o la realización no son términos adecuados, ¿cómo puede saber un cristiano si él o ella está yendo en la dirección adecuada en cuanto a Jesús se refiere?

Uno puede discernir el crecimiento de los frutos del Espíritu y si los frutos del Espíritu están creciendo, entonces tu vida está progresando bien, estás creciendo en el Señor, te vas pareciendo más a Jesús. El principal valor del Reino de Dios es el fruto. El principal valor del reino de este mundo- de donde todos procedemos-es el éxito. Pienso que los cristianos a veces confunden estas dos cosas. La gente interpreta el éxito como aprobación de Dios o la ratificación de Dios de nuestra obediencia, o nuestra espiritualidad, más que el buscar fruto. En el Reino de Dios, si no tienes mucho éxito, si las cosas no salen bien, si no tienes una iglesia grande, si no tienes un programa nuevo de radio o si no tienes mucha influencia, pero creces en los frutos del Espíritu, eres vencedor.

Pero si construyes una iglesia grande y se convierten miles de personas y te haces famoso y das tu cuerpo para ser quemado y no creces en los frutos del Espíritu, eres un perdedor- lo cual es un disparate enorme en cuanto al reino de este mundo. Creo que la Biblia dice muy claramente que esos son los valores reales.

¿Entonces tuviste más paz o shalom en L'Abri cuando aún eras un budista Zen?

Quizás, de alguna manera, sí tuve un shalom mayor, porque crecí de muchas maneras, lo cual fue muy estresante, aunque la paz de Dios me sostuvo y me estabilizó. El shalom es el marco, el fundamento que Dios me da, una roca en la cual apoyarme y una dirección para orientarme hacia Cristo. Esa es la paz que me estabiliza, aun cuando internamente, en mis actividades y en mis relaciones haya un estrés muy grande, incertidumbre y conflicto. La paz de Dios, el shalom, que sobrepasa todo entendimiento, guarda mi corazón y mi mente en Jesucristo. En ese sentido sí tuve más paz, pero casi nunca uso la palabra 'paz', porque es normalmente entendida como una falta personal de conflicto, un sentimiento de seguridad y de satisfacción. No creo que es eso lo que significa shalom.

Otro fruto del Espíritu es el gozo. ¿Dirías que como cristianos deberíamos tener más gozo en nuestras vidas?

Sí, siempre que no igualemos gozo con felicidad. El gozo bíblico está más conectado con la paz, con la sensación de bienestar. Significa que, a pesar de mis sufrimientos y conflictos, me gozo porque pertenezco a Dios y El me mantiene.

¿Igual que Pablo y Silas tuvieron gozo cuando cantaban atados con cadenas en la prisión?

Sí.

¿Puede una persona genuinamente cristiana ser infeliz?

Sí. He conocido a personas que se estaban quedando ciegas, o que eran solteros y se sentían aislados y que eran cristianos. Eran personas cariñosas, al servicio de otros, que confiaban en Dios y que no eran felices. No creo que el apóstol Pablo fuera una persona particularmente alegre. Francamente pienso que él fue una persona difícil con la que convivir. Eso me anima, porque yo no soy una persona fácil con la que vivir.

¿Qué otros frutos del Espíritu desarrollaste durante tus primeros años de cristiano?

Se me ocurren dos cosas que son relevantes. Una fue la capacidad de disfrutar de una variedad más amplia de personalidades. Yo sabía que Dios demanda que amemos a todo el mundo, tanto si son como yo o no, tanto si me gustan o no.

Por ejemplo, por norma me ha sido difícil estar con gente que siempre hacen declaraciones, pero nunca hacen preguntas. Me cuesta estar con personas que acaban mis frases. Me cuesta estar con gente que siempre están haciendo chistes y enmascaran o anestesian sus vidas con la risa tonta. Esos son ejemplos de gente con la que me es difícil estar, aunque poco a poco he llegado a ser capaz de soportar esas personalidades.

Haciendo esfuerzos por amar a toda clase de personas y orando por eso, me di cuenta de que empezaba a disfrutar de ciertos tipos de personas y situaciones que nunca antes había disfrutado. Eso para mí fue un crecimiento, una paz, un gozo.

¿PUEDE UNA PERSONA GENUINAMENTE CRISTIANA SER INFELIZ?

Me alegré mucho de ser capaz de hacer eso. Hizo que mi vida fuera menos tensa, más relajada y más a gusto con mi entorno. El proceso aún continúa.

Según crecemos como cristianos, ¿cómo podemos saber si nuestro corazón está cambiando de la forma correcta?

La promesa que encontramos en Jeremías y Ezequiel es que no tenemos que relacionarnos con Dios desde nuestro corazón, sino que Dios nos dará un corazón nuevo. Eso es una nueva vida, un nuevo yo, una persona redimida, reestructurada y reorientada. No creo que tengo que trabajar con mi corazón, porque es pecaminoso, egoísta y roto, sino que tengo que pedir que Dios me dé un corazón nuevo, un centro nuevo, un conjunto de referencias para entender quién soy. Mi entendimiento de ser más como Dios me llega a través de varias maneras. Esto es más bien una cuestión epistemológica: '¿Cómo sé que estoy cambiando para ser más como Dios y que no me estoy inventando un dios en mi propia imagen?'. En la Biblia, vemos cómo se describe a Jesús como un siervo sufriente, centrado en el otro, dando Su vida por otros, amando a otros, desafiando a otros, no siendo educado o cortés, sino real. A menudo El se ha mostrado mal educado al ser real cuando desafiaba a la gente, y cuando estimulaba un cambio de paradigma en el entendimiento de la gente. Cuando elegimos esa forma de relacionarnos con la gente como hizo Jesús, teniendo afecto por la gente y sirviéndoles, entonces podemos tener un criterio objetivo para saber si estamos siendo más como Jesús. También creo que los frutos del Espíritu son una buena forma de medir nuestra temperatura espiritual, por decirlo de alguna manera.

Si vemos un incremento en nuestra paciencia, amabilidad, bondad, mansedumbre, fe y auto control, tenemos clara evidencia de que tengo vida en Cristo y de que me estoy transformando más como El, más como Dios, de que me estoy haciendo más claramente y funcionalmente a la imagen de Dios.

Muchas personas han desarrollado programas sofisticados para ser cristianos- cuatro pasos, cinco pasos, ocho pasos, etc. ¿Has pensado alguna vez en la posibilidad de desarrollar una metodología Ellis Potter?

No creo mucho en las metodologías o en métodos para el evangelismo o la apologética. Pienso que debemos recibir a la gente como son, y que debemos amoldar nuestro cuidado por ellos y servirles con verdad y con una base del momento-a-momento. No podemos predecir con precisión cómo va a reaccionar la gente y por qué etapas pasarán en sus vidas. Creo que debemos tomar cada caso por separado.

Los libros, la escritura y los sermones

A parte de Francis Schaeffer, ¿qué otros escritores, pensadores y teólogos influenciaron tus ideas?

Entre ellos, Harry Blamires, N.T. Wright y F.F. Bruce. También George Bernard Shaw ha influenciado mi manera de pensar y la forma en la que me comunico, sobre todo su colección de críticas musicales, que se encuentran en tres volúmenes. Componen más de mil páginas y las leí dos veces. Creo que fueron formativas en cuanto al análisis, la observación y la expresión. También aprendí claridad y concisión de expresión de Shaw. Otro autor del que he aprendido es Sir Thomas Malory, que escribió La Muerte de Arturo. Me encanta su elocuencia, la grandeza de sus expresiones y pienso que han influenciado la forma en la que enseño. Leo una gran variedad de géneros y creo que todo lo que leo moldea mi manera de pensar, al menos temporalmente.

¿Lees ficción?

He leído mucha ficción a lo largo de los años, desde El Quijote de Cervantes a novelas contemporáneas. Los escritores de ficción que son buenos son artistas expresivos y perceptivos, tanto si son cristianos como no. Nos muestran perspectivas de varias culturas y periodos de la historia y nos muestran a nosotros mismos, a veces de forma incómoda. Mi esposa y yo empezamos una misión tras el Telón de Acero y leímos mucha ficción procedente de los países del imperio soviético, algunos de los cuales fueron traídos de contrabando al este para ser publicados. Esto nos fue de gran ayuda para poder entender las actitudes y las experiencias de la gente a la que queríamos ayudar. También leo mucha ciencia ficción.

Hay mucha ciencia ficción que es básicamente atea pero también es increíblemente profética en cuanto a tecnología y ética. Si quieres saber cómo funciona la mente de los no-cristianos, lee mucha ciencia ficción.

¿Qué libros no has escrito todavía que te gustaría escribir?

Hay un borrador de una serie de sermones sobre la carta de Santiago. También, al igual que mi libro 3 Teorías de Todo sobre distintas filosofías y ¿Cómo sabes eso? sobre epistemología, voy a escribir un libro sobre espiritualidad. Me gustaría publicar más libros de colección de sermones. También hay un manuscrito de transcripciones parcialmente editadas de conversaciones de L'Abri desde 1983 hasta 1984, que me gustaría mucho poner en un libro.

¿Cómo preparas tus sermones?

Imprimo una sección del texto bíblico con grandes espacios entre las líneas. En los espacios coloco anotaciones en griego o hebreo en lápiz. Luego añado referencias y notas con bolígrafo y predico con esas notas. Mis notas son minimalistas. Nunca preparo mis sermones como manuscritos. Las notas que hago normalmente tienen más contenido del que se puede dar en lo que dura un sermón. Antes de subirme al púlpito ya sé que no voy a tener tiempo de decir todo lo que he pensado. Tendré que editar el sermón según lo voy dando. Oro fervientemente que el Espíritu Santo edite el texto que no existe todavía para que hable a la gente y sea un sermón completo. Normalmente estoy motivado a omitir algo que he puesto en mis notas. A veces no las veo. Tengo como un punto ciego y luego me doy cuenta y pienso: '¡Me olvidé de decir eso! Bueno, ¿era necesario decirlo esta vez o lo digo la próxima vez?'.

Normalmente no habría ido bien con el sermón. También a veces me vienen ideas mientras predico que no están en las notas, y las digo. El domingo pasado prediqué sobre la primera parte del capítulo 2 de Tito y mis notas parecían un sermón muy corto. Mis sermones normalmente duran entre treinta y treinta y cinco minutos y éste en particular parecía que iba a durar veinticinco minutos, pero luego resultó ser de cuarenta y cinco minutos, y no había desperdicio. Todo era contenido, contenido, contenido e ilustraciones, aplicaciones y ejemplos que me vinieron según iba predicando. Así que no hago sermones bonitos ni elocuentes- pongo ideas juntas y referencias, tengo una idea básica de lo que dice el texto y cómo se relaciona con otros pasajes de la Biblia y cómo se conecta con la gente a la que estoy predicando. También entiendo e indico cómo el texto ha sido mal interpretado a veces. Entonces, tengo notas en papel, pero no sé exactamente cómo resultará el sermón hasta que lo oigo en una grabación.

Las veinte horas que pasas preparando los sermones incluyen el estudio de la Biblia, la oración, la lectura de los comentarios- ¿esa clase de actividades?
Sí.

¿Es lo mismo con tus clases?
Un poco menos. Las clases tienen notas mínimas, pero mis clases son más similares cada vez que las doy. Es interesante que, si

doy un sermón tres o cuatro veces, cada vez es más corto y más lleno de contenido. Hay más contenido pero tardo menos en darlo y es más claro. Fluye con más firmeza.

'3 Teorías de Todo' es un libro estupendo. ¿Fue difícil escribirlo?
Yo no lo escribí.

¿Quién lo escribió?
Peco Gaskovski.

De acuerdo.
Es mi editor. El proceso- y fue el mismo que con '¿Cómo sabes eso?'- fue que se transcribieron y recopilaron varias grabaciones de la charla, quitando las repeticiones. Fue muy laborioso. Esa recopilación fue el borrador y luego se editó y procesó. Lo discutimos y quitamos algunas cosas, pusimos otras, y así.

Entonces, si no hubiera sido por el editor, ¿no habrías escrito o publicado un libro?
Seguramente que no. Mi editor me ha dicho que en realidad fue su mujer la que le insistió que me animara a escribir un libro, así que si no hubiera sido por su insistencia no habría pasado.

En 3 Teorías dijiste que los no creyentes a menudo te comprenden mejor que los creyentes. ¿Eso es un cumplido para los no creyentes o una crítica para los creyentes?
No soy dado a dar cumplidos e intento no halagar a las personas. Intento decir la verdad y por eso a veces digo 'eres muy

inteligente' y me contestan 'gracias' y yo digo 'no, no es un halago, es una observación.

No es culpa tuya. No te estoy alabando; tan sólo digo que eres muy inteligente. Debe de ser una carga el ser tan inteligente. Eres responsable para usarla- esa es una de las condiciones de tu vida. No digo que te la has ganado o la has producido ni nada por el estilo'. Así que no, no halago a las personas por hábito. La mayor parte del tiempo sólo digo lo que observo.

En cuanto a lo de creyentes versus no creyentes, puede haber diferencias en sus formas de pensar. A veces, la gente que es religiosa y que está involucrada en una comunidad de personas con experiencias de fe similares, principios y prácticas pueden llegar a ser 'verdaderos creyentes'. Con esto quiero decir que han tomado una decisión y no quieren confundirse con los hechos. De la misma manera, muchos cristianos- pero no sólo los cristianos- desarrollan una jerga con un código particular de palabras o shibboleths. Un shibboleth es una palabra que se tiene que decir de una forma particular, o una serie de palabras que deben decirse en un orden preciso, si no la persona no es aceptable. He notado que los cristianos tienen tendencia a hacer eso. Esperan oír ciertas frases. Cuando yo predicaba en Basilea, a veces repartía unas hojas con tres puntos. También había un espacio en blanco para que pudieran escribir lo que habían aprendido. A veces vi lo que habían escrito y me di cuenta de que mayormente habían escrito cosas que ya sabían. Las cosas que dije que eran nuevas y que yo esperaba que aprendieran no fueron incluidas en las notas. Nuevos detalles, nuevos enfoques, no llegaron a hacer mella en las mentes de estas personas tan inteligentes. Encuentro que esto ocurre con frecuencia en una audiencia de cristianos a los que hablo. Los no cristianos vienen más con una pizarra en blanco. No conocen la jerga, no tienen expectativas, no me pueden encasillar y están más abiertos y receptivos a lo que tengo que decir.

Cuando digo algo que no es tradicional ni a lo que están acostumbrados los cristianos evangélicos, los que no son cristianos no se inmutan para nada; lo reciben como viene y lo encaran de frente. Los cristianos se molestan un poco, porque 'así no es como se dice'. Así que creo que los hábitos de pensamiento de los cristianos pueden mejorarse.

El escapismo y el cielo

¿Cuáles han sido los descubrimientos teológicos y lo más importante que has aprendido a través de los años?

El darme cuenta de que el Reino de los Cielos está viniendo y llegará en su plenitud en la creación. Esto significa que no iremos hacia él, que es lo que se que cree comúnmente. La meta cristiana no es el escape. La meta y la esperanza cristiana son el compromiso. Hay mucha gente que está muy motivada hacia el escapismo. Lo que nos enseña la Biblia acerca de la redención se hará realidad en la tierra, no en otro lugar. La redención es de los valores de este mundo, no del mundo en sí mismo, porque Dios creó el mundo y lo ama. Se nos enseña a estar en el mundo, aunque no somos del mundo. En cierta manera, muchos cristianos han vivido fuera del mundo, pero siendo del mundo. Formaron sus comunidades aisladas, pero vivieron siguiendo los valores del mundo- éxito, satisfacción, diversión y esa clase de cosas.

El mundo es la sal y la luz de la iglesia. El transcendentalismo platónico y el gnosticismo llegaron a la iglesia muy pronto. Esas filosofías reflejan la creencia básica de que lo transcendental es más verdadero que lo real. Apoyan la visión cristiana de 'lo único que importa es la vida venidera en el cielo', al igual que actitudes y prácticas que convierten a los cristianos tan obsesionados con el cielo que no sirven para nada en la tierra. Los escritores de las cartas del Nuevo Testamento estaban luchando contra el Platonismo y el Proto-agnosticismo. Creo que los apóstoles perdieron la batalla. El Platonismo y el Agnosticismo han estado vivos y coleando en la iglesia en cada generación en los últimos dos mil años. Debemos seguir luchando esa batalla.

¿Qué señales de escapismo ves en la iglesia de hoy?

Ahora menos, pero sigue existiendo. En los últimos treinta o cuarenta años, en la iglesia evangélica, el arrebatamiento de los santos ha producido una atracción muy fuerte. Todo ello ha sido basado en un versículo en Tesalonicenses- y lo han mal interpretado. El versículo dice: 'Porque el Señor mismo, con voz de mando, con voz de arcángel, y con trompeta de Dios, descenderá del cielo; y los muertos en Cristo resucitarán primero. Luego nosotros, los que vivimos, los que hayamos quedado, seremos arrebatados juntamente con ellos en las nubes para recibir al Señor en el aire, y así estaremos siempre con el Señor.' (1 Tesalonicenses 4:16-17). La interpretación que dan los escapistas del arrebatamiento es que nos encontramos con El en el aire para que nos lleve a otro lugar. Pero eso no es lo que quiere decir el texto. La palabra que usa Pablo aquí cuando dice 'recibir al Señor' era la que usaban los gobernadores de una ciudad o un país cuando salían de su ciudad para recibir o encontrarse con el emperador cuando venía de visita, para de esa manera acompañarle a la ciudad. Era la misma palabra que se usó cuando los cristianos vinieron de Roma a las Tres Tabernas para encontrarse con Pablo- no para volverse a Malta con Pablo, sino para acompañarle en su viaje a Roma. Cuando Jesús aparezca, los creyentes subirán a recibirle en el aire para acompañarle a la tierra, a la que vuelve y donde estará para siempre. Así que los cristianos no serán arrebatados por El y llevados a otro lugar, que es lo que la mayoría de los cristianos creen. Muchos cristianos creen que la meta de la vida cristiana es ir al cielo cuando mueras, pero eso no es lo que nos muestra la Biblia. El objetivo final de los cristianos es el participar plenamente en la creación con Dios eternamente, no el irnos a otro lugar. La palabra 'telos' aparece en la Biblia cuando se refiere a este objetivo, pero ha resultado difícil traducir este término en otros idiomas. Por ejemplo, en inglés se entiende a menudo no sólo como la meta o la llegada, sino como el final. De ahí que esta frase, asociada con la Biblia, se haya hecho popular: 'Se acerca el final'.

El griego dice que *telos* se acerca- significa que la meta está cerca. La gente presupone que 'el fin' significa que el mundo va a ser quemado, destruido, desperdiciado, dado al diablo y que Dios va a llevarse a toda Su gente a otro sitio. Pero *telos* significa que el objetivo o meta está cerca, y esa meta es la redención de la creación y la aparición del Señor en la creación. De hecho, significa que el principio está cerca- el principio de la nueva tierra y el nuevo cielo, el principio de la nueva administración del Reino de Dios. La mayoría de los cristianos han interpretado esto como que la meta es el fin, pero la meta no es el fin, ¡es el principio! Este ha sido un concepto importante para mí, y en parte por ello estoy en el proceso de escribir un artículo llamado *Dios es Verde*.

¿Qué quieres decir con eso de que Dios es verde?

Quiero decir que es ecológicamente sólido, está ecológicamente motivado, ecológicamente preocupado y comprometido. Eso es algo que he dicho a la gente de Greenpeace cuando me los encuentro por la calle: '¿Sabéis? Nadie es más verde que Dios'. Dios creó lo verde y lo ama, pero los cristianos normalmente no se han dado cuenta de eso. Los cristianos han creído que Dios es marrón, que va a quemar la tierra y que nuestro planeta, nuestros cuerpos, nuestra sociedad y nuestra creatividad no tienen valor. Creen que lo único que tiene valor es nuestra parte sobrenatural, llamada erróneamente 'alma'. Este no es el verdadero mensaje cristiano.

Tanto los cristianos como los no cristianos tienden a creer que la gente tiene alma, pero eso no es bíblicamente correcto. Las personas son almas. Un amigo mío que trabaja en L'Abri me preguntó hace unos meses qué pensaba yo qué era el alma.

Le dije que el alma es el pegamento que une todas las diferentes partes de nuestro ser. Así que los ingredientes que te hacen una persona son: tu cuerpo, tu mente, tus emociones, tu voluntad, tu creatividad, tus relaciones. Tu alma es el pegamento que los une a todos. Si pierdes tu alma, pierdes el adhesivo- te caes en pedazos y te mueres. ¡El alma no es algo que brilla dentro de ti! Eso se podría describir más acertadamente como el espíritu, aunque tampoco sería una descripción adecuada del espíritu, porque 'espíritu' significa 'viento'. Es lo que sale de ti y tu alma es el adhesivo, la integridad del conjunto de esas partes que van juntas para formar la persona que eres. Tu alma estará con Dios para siempre, lo cual significa tu cuerpo, tu mente, tu creatividad, todas esas cosas. La mayoría de la gente piensa que la meta del cristianismo es ser una especie de entidad transcendental, semi transparente e incorpórea que vive una clase de existencia completamente diferente en las nubes, con alas y tocando el harpa. Eso a mí me suena a infierno. Es totalmente aburrido. La Biblia no nos ofrece eso. Nos ofrece una relación completa con la creación redimida de Dios.

¿Entonces qué pasa cuando morimos?

Cuando morimos, nuestro espíritu se va con Jesús, el cual está aquí, pero en otras dimensiones de la realidad. No se aparece por ahora, pero ha prometido 'Estoy con vosotros hasta el final del tiempo', por ello no está en otro lugar. Se fue, pero no se fue. Ascendió, no a los cielos, sino a la nube, a la intersección entre las dimensiones creadas y las no creadas de la realidad. Ascendió no a otro lugar, sino a otra dimensión y El está inmediatamente con nosotros, coexistiendo en el espacio que experimentamos.

Por eso no tenemos que gritar para que nos oiga. El está aquí mismo, pero no le vemos, y aparecerá como un relámpago sobre toda la tierra con juicio. Juicio, por cierto, significa corregir, justificar, rectificar, hacer que las cosas sean como deberían ser y no tan sólo condenar. Cuando morimos, estamos en la presencia de Dios y de Cristo y del Espíritu Santo, y lo sabemos, pero hay un deseo frustrado que espera la redención total de nuestros cuerpos. En el libro de Apocalipsis, los santos que están delante del altar claman por la realización de la realidad final. No hay temor, ni ansiedad, ni confusión, porque los que mueren en el Señor sabrán que están en el Señor y que pertenecen con El. Están con el Señor de una manera muy real, pero a la vez están esperando sus cuerpos nuevos y la redención de la creación.

¿Qué pasa con el alma cuando morimos?

El alma está incompleta cuando morimos y está esperando ser completa otra vez, cuando haya un cuerpo nuevo.

El sufrimiento y las emociones

Muchos cristianos tienen problemas con la realidad del dolor. ¿Cuáles son tus experiencias sobre respuestas al dolor de la gente?

Mucha gente se acerca a mí como pastor con un lamento apasionado: '¿Por qué pasó algo malo? ¿Por qué estoy confundido? ¿Por qué perdí mi trabajo? ¿Por qué me rompí la pierna?'. No entienden y sufren por no entender porque piensan que deberían entender. Muchos de ellos creen que Dios les debe una explicación. Esa no es una actitud buena, pero no es sorprendente. Cuando enseño sobre esto, a menudo les cuento un escenario ficticio sobre mí mismo. Yo soy un misionero y viajo, así que pongamos por caso que estoy de viaje misionero. Supongamos que tengo que coger un tren y voy tarde, corriendo, para coger el tren; me resbalo en una piel de plátano y me rompo el tobillo. Entonces, postrado en el suelo de la plataforma viendo cómo se va el tren, puedo preguntar: '¿Por qué me ha pasado esto a mí?'. La respuesta podría ser que es el resultado de mi pecado por levantarme tarde, o puede ser el resultado del pecado del que tiró la piel de plátano. O podría haber sido causado por el diablo, porque yo iba a bendecir a las personas a las que iba a visitar. O podría haber sido causado por Dios, porque el tren se iba a descarrilar y Él no quería que yo estuviera allí. Mi paz y mi gozo no dependen de mi conclusión de lo que pasó. Romanos 8:28 nos dice: 'todas las cosas'- incluyendo los tobillos rotos- 'trabajan para el bien de aquellos que aman al Señor'. Por eso, la pregunta no debería ser '¿Por qué?', sino '¿Amo al Señor?'. La Biblia es muy clara en esto. Si amo al Señor, este tobillo roto trabajará para mi bien. Puede que acabe hablando con una enfermera o un anciano en el hospital y sea de bendición a ellos, o puede que aprenda paciencia, o puede que me salve de mi adicción al trabajo- u otra cosa.

Varias cosas buenas pueden ocurrir de las cuales no sé nada por adelantado. Caminamos por fe y no por vista, por eso no siempre vemos el 'por qué' en el pasado, al igual que no vemos cómo trabajará para bien en el futuro.

¿Cuál es tu opinión en cuanto a la utilidad de nuestras emociones cuando experimentamos a Dios?

Yo creo que nuestras emociones, cuando las vivimos, son moralmente neutras. Pero debemos responder a ellas de forma moral, ética y fiel y nunca debemos confiar en ellas, porque a veces mienten. No siempre, pero a menudo. Por ello, no deberíamos usar nuestras emociones como guía o revelación de la verdad o de los hechos. Son reales, pero normalmente no nos enseñan mucho. Pueden enseñarnos algo sobre nosotros mismos y eso es valioso. Pero mi reacción a un tobillo roto, tanto si es esperanza o resignación o miedo o enfado o desilusión, es como el tiempo. Simplemente me ocurre a mí y no aprendo mucho de los cambios del tiempo en cuanto a mi relación con Dios o mi identidad en Cristo. Las emociones que yo vivo son, en su mayor parte, moralmente neutrales y no soy responsable de ellas. Si me enfado, no soy responsable de ello. El enfado es una tentación, pero yo no soy culpable de mis tentaciones, yo soy culpable de mis decisiones. Por lo tanto, tengo la tentación del enfado y entonces tengo que tomar una decisión sobre ello. ¿Sigo el enfado? ¿Lo alimento? ¿Lo cobijo? ¿Actúo enfadado? ¿O lo pongo dentro de un contexto y me doy cuenta de que no debería ser la única emoción o la única impresión que está ocurriendo? Por esas cosas soy responsable, no por sentirme enfadado. No se me ha de alabar o culpar por ello. La emoción es algo que simplemente ocurre.

En muchas iglesias, uno tiene la impresión de que casi hay un plan para el culto: '¿Cuál es la mejor manera en la que podemos provocar emociones?' ¿Dónde pondrías tú los límites? ¿Cuánto se debe buscar la emoción y cómo se debe integrar en el culto?

Yo no creo en poner límites. Pienso que si pones un límite te vas a sentar sobre él y te vas a morir. Creo que deberíamos dejar que la cosas sean más fluidas. Cuando pones un límite, la tendencia es dormirse y asumir 'ya he hecho eso y no tengo que pensar más en ello'. Siempre tenemos que pensar en esas cosas, porque las circunstancias cambian, la gente de la iglesia cambia, el tiempo cambia, todo tipo de cosas cambian. Eso significa que tenemos que ajustarnos a ello y no tan sólo tener una demarcación que no se puede pasar, ni podemos decir que Dios, el Espíritu Santo, nos ha dado ese límite y no se puede mover. Debemos tener cuidado de no hacer eso; debemos estar alertos y preguntar: '¿Qué estamos haciendo?' Dentro del contexto de emociones fuertes es difícil hacer preguntas porque las emociones fuertes nos dificultan el pensamiento. No que sean malas, sino que tienen que estar contextualizadas con la razón y el pensamiento. Antes hablamos del fumar marihuana y creo que esto es parecido. Cuando uno fuma marihuana, se concentra y enfoca en algo y lo ve muy claro y con gran detalle. Se tiene la sensación de ser muy inteligente, consciente y perceptivo. En un sentido eso es verdad, pero por otro lado nos volvemos estúpidos, porque nuestro campo de visión se estrecha, nuestra consciencia de la realidad se disminuye. Cuando tenemos emociones fuertes- especialmente en grupos y particularmente en grupos grandes- nuestra vida se vuelve pequeña. Tenemos un sentimiento de riqueza, rebosante, vivo y muy agradable, pero pienso que en realidad hay menos vida.

Cuando la emoción llena la pantalla de lo que vemos en nuestra vida, en nuestros pensamientos y en nuestras relaciones y las emociones hacen que otro tipo de consciencias se pongan de lado, lo único que tenemos es un viaje de emociones. No creo que eso sea malo, pero es un error dejar que ese tipo de experiencias nos guíen en nuestras decisiones. A menudo voy a iglesias Pentecostales y carismáticas a predicar y tengo muchos amigos carismáticos. En algunas de esas iglesias la gente piensa que habrá un culto- el grupo de música empezará a tocar a las siete, la gente empezará a cantar, bailar y tocar las palmas y el Espíritu Santo estará con ellos a las siete y media. ¡Eso es chamanismo! Eso no es cristianismo, porque no podemos controlar al Espíritu Santo. Si el Espíritu Santo está dentro de ti, te pondrás a llorar y a gritar en al autobús cuando vayas a trabajar por la mañana. Si de repente te pones a hablar en lenguas en la cola del banco, eso es probablemente el Espíritu Santo.

¿Estás dispuesto a trabajar en el contexto que tú llamas chamanismo?
Sí. Voy y enseño y a menudo les hablo directamente en contra de algo que está ocurriendo en ese momento. Normalmente, la gente es simpática y escuchan mi sermón, me vuelven a invitar y eso creo que es el trabajo del Espíritu Santo. No recuerdo haber ido a una iglesia Pentecostal o carismática y no haber sido bendecido, en el sentido en que mi vida se ha enriquecido y agrandado.

Si de repente te pones a hablar en lenguas en la cola del banco, eso es probablemente el Espíritu Santo.

La apologética

Recuerdo que una vez diste una charla sobre 'la apologética como amor'. Conozco mucha gente que, cuando piensan en apologética no piensan necesariamente en el amor, o cambian la palabra 'amor' por 'amor duro'. ¿Cómo podemos hablar genuinamente sobre nuestra fe y expresar amor a la misma vez?

No soy un fan de la palabra 'apologética'. En vez de eso, uso la palabra 'kategorias'. La apologética significa defensa y la gran comisión no se trata de 'id por todo el mundo y defended vuestra fe'. La defensa se puede convertir en un ataque y la función de la apologética es a veces el ganar o el derrotar. Yo encuentro eso un tanto contraproducente. Kategoria, a diferencia de apología, es dar las categorías de la realidad, como en el sistema de la corte antigua griega. Los fiscales daban las categorías del crimen- el cadáver, el motivo, el cuchillo, el testigo. La apología puede demandar que 'los testigos estaban borrachos y son mentirosos'; o 'ese no es mi chuchillo y ni siquiera conozco a esa persona'. El mantra de la apologética cristiana es 1 Pedro 3:15: 'y estad siempre preparados para presentar defensa con mansedumbre y reverencia ante todo el que os demande razón de la esperanza que hay en vosotros'. Yo creo que esa instrucción viene del Espíritu Santo y que debemos tomarla en serio. El problema es que nadie pregunta. Yo debería estar preparado para dar una respuesta, pero nadie cuestiona la fe que hay en mí, porque a nadie le importa. Las kategorias son pre-apologéticas, incluyendo las categorías que estimulan las preguntas útiles que me pueden preguntar acerca de mi fe. El servir a la gente con las preguntas que son útiles para ellos es amor.

¿Qué opinas sobre el peligro del sincretismo en nuestra cultura actual, en el sentido de que la gente toma de aquí y de allí de distintas religiones con el fin de acomodar sus gustos particulares?

Pienso que hay un peligro real y actual en cada cultura y en cada periodo de la historia- quizás más, quizás menos, depende de la cultura. En culturas más pequeñas y aisladas puede que haya menos peligro de sincretismo, porque no conocen distintos puntos de vista ni distintas prácticas. En una cultura muy tradicional, lo que la gente conoce es probablemente todo lo que van a conocer. En una situación cosmopolita hay un peligro mayor de mezclar las cosas, de diluir o de confundirlas. Lo contrario de sincretismo, que es fanatismo, también es un peligro. Podemos convertirnos en los elegidos intocables. Pienso que ambos son peligrosos y debemos de guardarnos de esos extremos. No somos totalmente capaces de encontrar el término medio, de caminar por ese estrecho camino central. Realmente necesitamos que Dios nos guíe y creo que ese camino, que Jesús describió como estrecho, no es un hilo. No tenemos que ir en fila india necesariamente. Podemos caminar de la mano- y si camino a tu lado no estoy caminando en tus huellas. Podemos caminar el uno junto al otro y podemos caminar en las huellas de Jesús en el camino estrecho.

Las palabras

Las palabras y las definiciones parecen ser muy importantes para ti. ¿Me puedes decir más al respecto?

Tiendo a no discutir sobre palabras, sino a preguntar a la gente qué quieren decir. A menudo descubro que la gente casi no tiene idea del significado. Esto es alarmante y creo que la gente debería preocuparse cuando no saben lo que dicen al usar ciertas palabras. Usan palabras porque tienen como un aura, o una sensación, o una asociación, pero realmente no utilizan el lenguaje con responsabilidad.

¿Y tú quieres hacerles sentir responsables?

No es tan importante que la gente se sienta responsable, sino que sean responsables. Yo creo que les bendigo cuando les invito a ser genuinos y responsables del lenguaje que usan. Creo que si meneo la cabeza y digo: 'Bien, bien', no les ayuda. No es que yo siempre insista en usar la definición del diccionario. Si alguien tiene una idea clara de lo que significa una palabra y es diferente a la definición del diccionario, la acepto con ese nuevo significado. Tan sólo quiero saber qué quieren decir. A menudo, la gente no sabe lo que quieren decir. Hablan por hablar, usan slogans que han oído o leído en las noticias o en la televisión y no saben lo que están diciendo. Cada vez más, en la sociedad postmodernista, la actitud de la gente acerca de las palabras es 'me da igual'. Imagínate una boda postmodernista en la que el pastor dice: 'Jorge, ¿tomas a Emily como tu esposa, en la salud y en la enfermedad, en la riqueza y en la pobreza, hasta que la muerte os separe?' y Jorge dice: 'Me da igual. Está bien'.

Eso no es aceptable. Necesitamos que diga: 'Sí'. 'Me da igual' no es suficiente. No es algo sobre lo que te puedas apoyar, no es sólido para ser el fundamento o el marco de la vida. Es resbaladizo y da demasiada libertad. En el mundo postmodernista, la libertad es el máximo valor. En realidad, la libertad total siempre significa muerte. La libertad sin forma es muerte; la muerte del lenguaje, la muerte de la persona, la muerte de las relaciones. La adoración a la libertad es una cultura de muerte. Vivimos en un mundo donde esa religión es prominente. Es una batalla y debemos poner nuestro granito de arena. Debemos hacer un esfuerzo por bendecir a la gente y debemos gritar: '¡Fuego!' cuando el edificio está en llamas. Necesitamos decir: '¡Estamos perdiendo nuestro lenguaje!'.

Lo primero que sabemos de Dios es que habla y Su lenguaje tiene significado y es definitivo. No es un lenguaje que diga 'Lo que sea'. El quiere que seamos a Su imagen, y eso incluye el hablar. Lo primero que hizo Adán al ser hecho a imagen de Dios fue hablar, dar nombre a los animales. Los llamó vacas, caballos, cerdos, gatos. No dijo 'lo que sea', 'pues eso', 'da igual'. Si perdemos nuestro lenguaje y su significado, perdemos la Biblia. Cuando discutimos lo que significan los pasajes de la Biblia, si la discusión se hace difícil, a veces la gente dice: 'Son sólo palabras...'. Esto es muerte. ¿Son sólo palabras? ¡Me da igual! ¡Sonriamos, seamos auténticos! Dios importa, porque Dios habla y no son sólo palabras, es La Palabra de Dios. La Palabra de Dios no es 'lo que sea'. Se está frio o caliente y nosotros debemos estar fríos o calientes. Si estamos templados, nos vomitará de Su boca. Así que, cuando hablo con la gente, intento animarlos a que sean fríos o calientes. No en cuanto a lo que dice el diccionario, sino en cuanto a su compromiso genuino con el lenguaje que usan.

Yo me comprometo a decir: 'Sí, eso es lo que quiero decir' y el significado no es algo que está flotando a mi alrededor para que yo no sea responsable de ello. Soy responsable. Digo algo y sé lo que digo y si estoy equivocado necesito que me muestres que estoy equivocado. Pero yo creo que tengo razón, así que lo digo. Cada vez más, no es así como la gente usa el lenguaje. Lo usan emocionalmente para dar sabor, ambiente y eso no es todo para lo que existe el lenguaje. Creo que esto es importante. En mi trabajo intento todo lo que puedo animar a la gente a atesorar el lenguaje y a ser responsables de él, a usarlo de una manera santa y no de una forma manipuladora o bonita. Esto último es una gran tentación. Entiendo que sea tentador usar el lenguaje para crear un ambiente, pero no quiero animar a la gente a seguir esto.

Pensamientos finales

Hemos hablado de tu infancia, de tu búsqueda por la realidad, de tu vida cuando eras un monje budista, tu etapa en L'Abri, tu vida de pastor y ahora como pastor a medio tiempo y misionero independiente. Hasta ahora, ¿cuál ha sido el periodo de tu vida más formativo?

El divorcio de mis padres fue bastante formativo en cuanto a mi inseguridad como persona. Tengo miedo al abandono y necesito una comunidad y una estabilidad. No me gustan los cambios para nada. A veces los acepto con una sonrisa y entiendo que lógicamente son buenos, pero nunca me gustan. Creo que esas dos partes de mi persona fueron formadas en los dos primeros años de mi vida. Esa forma de mi persona está rota, porque soy pecador y soy una persona rota y porque ciertos eventos en mi vida me han marcado de diferentes formas. Mi formación es una estructura distorsionada en la que faltan piezas y otras están torcidas. Hay cosas que necesitan ser compensadas o arregladas. Mi formación no es una historia gloriosa de cómo florecí. Soy un miserable salvado. Soy un miserable, pero soy un miserable de Dios, así que estoy confiado en que siempre seré de Dios y con el tiempo no seré más un miserable.

También fue formativo el estar con mi familia cuando tuve un hermano y una hermana- aprendí mucho de eso. Luego fue formativo el ser un budista Zen y también el estar envuelto en todos esos movimientos. Todo ello ayudó a formar mi proceso de pensamiento y mi búsqueda por absolutos. Tiendo a ir al grano y preguntar: '¿Qué importa eso? ¿Contribuye eso a llegar a una conclusión o a un punto?'.

El estar casado también fue formativo en mi vida. Me enseñó paciencia, lealtad y aceptación de una variedad mayor de circunstancias y comportamientos. Mi tiempo en L'Abri fue formativo enseñándome a predicar y a enseñar y a muchas otras cosas. Un día alguien me preguntó cuál era la parte favorita de mi trabajo en L'Abri. Sin pensarlo le dije 'la predicación'. Entonces me fui y me pregunté a mí mismo '¿Por qué dije eso? ¿Es eso verdad?'. Pensé consideradamente en eso y me di cuenta de que sí, que es verdad. Era la parte favorita de mi vida, y aún lo es. Es la cosa más temible que hago, pero es mi cosa favorita. Mis habilidades como predicador se desarrollaron durante los años de pastorado. Esos años me enseñaron la capacidad para ignorar cosas que no son esenciales. Aprendí a no concentrarme en arreglar todas las cosas todo el tiempo. Hasta cierto punto, me curó de mi perfeccionismo. Ese proceso de curación aún continua.

¿Hay algo que harías de manera diferente en tu vida, si pudieras?

Millones de cosas. Casi todo lo que he hecho se podía haber hecho mejor, pero elegí lo que elegí e hice lo que hice. Vivo con las consecuencias de esas cosas y otras personas también viven en esas consecuencias. No puedo volver en la historia y cambiar las cosas. Sé que he hecho daño, he decepcionado y confundido a la gente, y lo lamento. Pero no puedo cambiar esas cosas, aunque puedo ser perdonado y en algunos casos mejorar las cosas.

¿Cuál es el legado que te gustaría dejar? ¿Cómo te gustaría ser recordado?

Me gustaría que la gente se acordara de Jesús. No tengo un gran deseo de ser recordado. He empezado a publicar libros, así que mi nombre estará en esos libros y cuando me muera los libros seguirán vivos.

Me alegraría si mis libros, mi trabajo y mis clases continúan siendo una bendición después de que yo muera. En 1 Tesalonicenses, al final del capítulo dos, Pablo escribió que 'la esperanza, el gozo y la corona' en la que nos gloriaremos son otras personas que él ha bendecido. Me gustaría que mi legado fueran las vidas hermosas de otras personas.

Sobre Ellis Potter

Ellis Potter, un californiano que ahora reside en Suiza, fue un monje budista que se convirtió al cristianismo en 1976 bajo la influencia y el ministerio del difunto Dr. Francis Schaeffer.

Después de su conversión, el señor Potter trabajó en la plantilla de la comunidad de L'Abri hasta 1991. La comunidad de L'Abri es una residencia evangélica para estudiantes, fundada por el Dr. Schaeffer. Estudiantes de todas las edades, antecedentes y nacionalidades vienen a la comunidad con razones tan diversas como los estudiantes mismos. En L'Abri, todas las preguntas se toman en serio y se respetan, y se ofrecen respuestas bíblicas para las complejidades de la vida. Como trabajador de L'Abri por muchos años, el señor Potter aconsejó, enseñó y animó a cientos de estudiantes de todo el mundo.

La experiencia singular del señor Potter incluye la música, el arte, la teología y la filosofía. Da conferencias internacionalmente sobre una variedad de temas, incluyendo la relevancia del cristianismo en el arte y en los movimientos filosóficos y sociales modernos. A menudo da charlas comparativas sobre el cristianismo y otras filosofías del mundo, intentando establecer la verdad clara de la Palabra de Dios y anima a la gente a confiar en ella. Ha viajado ampliamente por los cinco continentes enseñando y predicando en iglesias, campamentos, conferencias y universidades.

Al igual que sus clases, el señor Potter ha sido pastor de varias iglesias anglosajonas en Suiza. También trabaja como misionero independiente, enfocando su atención y energía mayormente hacia el centro y este de Europa.

www.ingramcontent.com/pod-product-compliance
Lightning Source LLC
Chambersburg PA
CBHW030331100526
44592CB00010B/656